Johannes Nagel

Trial and Error

mit Beiträgen von | with contributions by

JÖRG JOHNEN & MARCEL RENÉ MARBURGER

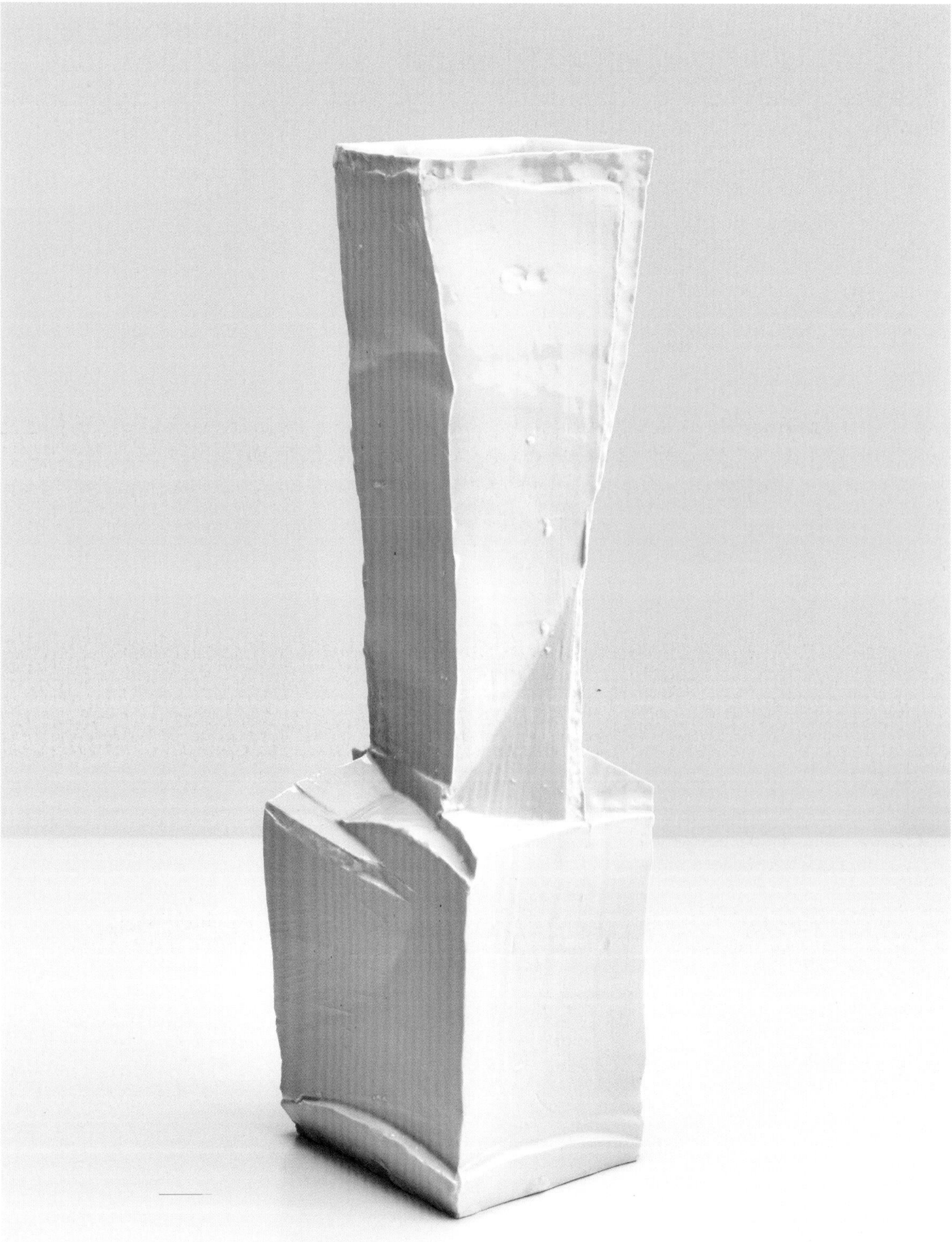

Atektonische Konstrukte

JÖRG JOHNEN

Johannes Nagel ist durch und durch Künstler, einer, der sich im Medium der Keramik bewegt. Darin kann man ihn etwa mit Peter Voulkos, John Mason oder Ken Price vergleichen. Alle drei hatten im Amerika der 1950er- und 60er-Jahre heftige Debatten darüber ausgelöst, ob ihre keramischen Skulpturen der Kunst oder dem Kunstgewerbe zuzurechnen wären. Doch schon früh, 1963, erschien eine Arbeit von Ken Price auf dem Cover von *Artforum*, dem führenden Magazin der Kunstszene. Peter Voulkos folgte ihm darin 1978. In den 1950er-Jahren wurden ihre Arbeiten in der *New York Times* und der *Los Angeles Times* noch unter der Rubrik „Heim und Wohnen" erwähnt. Als Voulkos 1959 den bedeutenden „Rodin Museums-Preis" in Paris erhält, wird diese Nachricht in der Business- bzw. Finanzsektion mitgeteilt. Dank dem Maler John Coplans, dem Mitbegründer von *Artforum* 1962, ändert sich die Rezeption der drei Künstler grundlegend. Coplans selbst schrieb 1963 in *Art International*: „Alle drei brechen in ihrem Medium zu neuen Wegen dadurch auf, dass sie es so unakademisch wie nur möglich handhaben (ein Prozess, der in der zeitgenössischen Kunst seit einem halben Jahrhundert schon ganz selbstverständlich ist). Zugleich erschaffen sie skulpturale Formen unabhängig vom innovativen Stempel von New York und kreuzen sich zugleich mit internationalen Ausdrucksweisen."

Auch Johannes Nagel beginnt schon früh, um 2005 mit 25 Jahren, die akademischen Pfade zu verlassen. Er bedient sich dabei der Techniken der Dekonstruktion. Spätestens seit dem Kubismus gibt die Dekonstruktion den Künstlern ein Mittel an die Hand, das ihnen ungeahnte Freiheiten eröffnet. Der Kampf zwischen der Form und ihrer Zerstörung wird das ganze 20. Jahrhundert beherrschen. Nazideutschland war wohl der brutalste Versuch, die Befreiung der Form zu verhindern. Johannes Nagel hat das Glück, in einer Zeit zu arbeiten, in welcher die Dekonstruktion in Gesellschaft und Kunst nahezu selbstverständlich geworden ist (nur in die angewandten Künste sind Theorie und Kritik noch kaum eingedrungen). Moderne Kunst entwickelt sich in der Synthese des Brüchigen, Fragmentarischen und Divergierenden. Daraus entspringt ihr Prozesscharakter. Bei Nagel wird das Material nicht einfach in eine vorgegebene Formidee gedreht, gepresst oder geknetet. Er entfaltet die Formgebung vielmehr aus der inneren Logik von Herstellungsprozess und Material und treibt die Spannung zwischen Material, Technik und Freiheit ins Extrem. Seine Arbeitsweise lässt sich als eine Verbindung aus handwerklichem Konzept und spontaner, offener Ausführung beschreiben. Die Spuren des Herstellungsprozesses wie Asymmetrie, Disharmonie, rauer statt glatter Oberflächen, Schnitte und Korrekturen bleiben sichtbar. Seine Objekte verhalten sich zu Vasen wie etwa die Skulpturen von Isa Genzken zur Architektur.

Mit seinen „Archetypen" von 2008 gelingt es Nagel, durch Dekonstruktion eine große Vielfalt an „Vasen" herzustellen. Spielerisch und gekonnt beherrscht er die Montage der verschiedenen Teile eines jeden Objektes. Nichts passt wirklich zusammen, die Nähte und Schnitte sind schief und roh, doch die fertigen Objekte zeichnen sich durch überraschende Kombinationen aus: Sie wirken ideenreich, prozesshaft und ungewöhnlich, um schon einmal die wichtigsten Adjektive für Nagels Kunst zu nennen. Man spürt, dass der Künstler immer ins Offene, ins Unbekannte arbeitet. Es ist wie ein steter Neuanfang. Mit der Zeit wächst der Anteil extrem disparater Teile, die Objekte werden größer, vielteiliger, gewagter und kommen dann in einem höchst fragilen Gleichgewicht zum Stillstand. Für Blumen sind sie ungeeignet, da sie selbst mit ihren Brüchen, Unregelmäßigkeiten und disparaten Spielen bereits alle Aufmerksamkeit auf sich ziehen. Was im großen, gesellschaftlichen Format vielleicht kaum zu bewältigen wäre, kann im kleinen Format angstfrei und lustvoll rezipiert werden.

Doch Dekonstruktion bedeutet für Nagel nicht nur das Zerlegen von Formen, sondern auch das Entwickeln neuer Arbeitstechniken, die alle Regeln der traditionellen Keramikherstellung analytisch reflektieren. Dazu schreibt Ilka Rambausek in ihrem Text im Katalog der Jürgen Ponto-Stiftung (2014): „Die tradierten Produktionsprozesse für Keramiken sind der Ausgangspunkt für Johannes Nagels Forschen. Sie sind zugleich auch der Reibungspunkt , an dem sich die innovativen Methoden des Künstlers Schritt für Schritt abarbeiten. Nach und nach werden einzelne Teilprozesse verkürzt, konzentriert, konterkariert oder negiert. Eine kontinuierliche Diskussion von Gattung, Medium und Material sind das Ergebnis dieser selbstreflexiven Auseinandersetzung." (Katalogbeitrag in *Johannes Nagel*, 2014)

Doch dies alles würde wenig bedeuten, wenn es dem Künstler nicht gelänge, unser Lebensgefühl ästhetisch zu reflektieren, zu provozieren oder anzusprechen. Hätte man früher seine Objekte noch als disharmonisch und hässlich empfunden, ist ihre Labilität, Imperfektion und Dissonanz heute Teil unseres dynamischen und prozesshaften Lebensgefühls. Seine Objekte verfügen über eine ausbalancierte Komposition disparater Teile. Hier zeigt sich als ästhetisch spannendes Bild, was im Alltag oft nur mühsam oder gar nicht gelingt. Hier liegt auch der grundlegende Unterschied zu Peter Voulkos, einer von Nagels „Göttern" seiner jungen Jahre. Voulkos' Schaffen stand ganz unter dem Einfluss eines ego-zentrierten, vitalen Expressionismus. Nagels Werk entspringt einem fragileren Ich, das beständig seine Beziehungen dialogisch neu bestimmen muss. Flexibilität, Spontaneität, Transformation, Negation des Kanons und Experiment gehören hier ganz selbstverständlich dazu.

Die intime Dimension erlaubt es Nagel, seine großen Erfahrungen mit dem Material und dessen Verarbeitung mit Spontaneität und Handwerk zu bewältigen. In den größeren Dimensionen der Architektur erfordert die Dekonstruktion dagegen einen gigantischen Aufwand an Berechnung und Konstruktion. Im Gegensatz zu früheren Zeiten, in welchen Architektur noch kollektiven Regeln (Einheit, Harmonie, Stabilität) folgte und diese nur variierte, bedarf die Auflösung der traditionellen Form in der Architektur sowohl Ausnahmebedingungen wie auch Ausnahmetalenten wie Frank Gehry oder Zaha Hadid, welchen es gelang, gewagteste Form- und Materialexperimente umzusetzen. Damit schufen sie nicht anschlussfähige Extravaganzen von großem Schauwert, die sich zum alltäglichen Bild der Stadt in spektakulären Kontrast stellen. Ganz ähnlich wirken Nagels Objekte im häuslichen Ambiente: So wenig kompatibel atektonische Architektur mit dem Bild der Städte ist, so wenig eignen sich Nagels Objekte als Vasen für Blumen. Ihre Extravaganz übertrifft und stört deren naturgegebene Harmonie. Nagels Objekte fügen sich in das häusliche Ambiente durch ihr intimes Format und die Zartheit des Materials ein und widersprechen ihm zugleich, indem sie das Freie, Prozessuale, Extravagante, Rohe, Unangepasste in dieses hineintragen.

Atectonic Constructs

JÖRG JOHNEN

Johannes Nagel is an artist to the core, one who works in the medium of ceramics. In this respect he can be compared to Peter Voulkos, John Mason or Ken Price. All three had sparked oft vehement debates in 1950s and 1960s America about whether their ceramic sculpture should be classified as fine or applied art. Still, as early as 1963 a work by Ken Price featured on the cover of *Artforum*, the leading art scene magazine. Peter Voulkos followed Price on the cover in 1978. In the 1950s their works were still being consigned to the 'Home and Garden' section of The *New York Times* and the *Los Angeles Times*. When Voulkos was awarded the important Rodin Museum Prize in Paris in 1959, this news item was relegated to the 'Business and Finance' section. Thanks to John Coplans, an experimental art photographer and co-founder of *Artforum* in 1962, the response to the three artists changed radically. Coplans himself wrote in *Art International* in 1963, 'They forced the medium into new paths by utilizing it in as unacademic a manner as possible (a process common to contemporary art in the past half century). At the same time it provided a sculptural form not only free from the innovatory stamp of New York, but also cross-bred international idioms.'

Johannes Nagel also began early on in his career, in about 2005, a the age of twenty-five, to stray from the paths of academic art, using Deconstructionist techniques. Since Cubism at the latest, Deconstructionism had provided artists with a means to opening up unprecedented freedoms. The battle between the form and destruction of it would dominate the entire twentieth century. Nazi Germany probably represented the most brutal attempt at preventing the liberation of form. Johannes Nagel has the good fortune of being able to work at a time when Deconstruction has come to be virtually taken for granted in society and art criticism (by now only the applied arts have for the most part escaped the attentions of theory and criticism). The processual character of modern art developed in a synthesis of the flawed, the fragmentary and the divergent. In Nagel, material is not just turned, pressed or kneaded into a prescribed idea of form. On the contrary, he develops his forms from the inner logic of the production process, pushing to extremes the tensions arising between material, technique and freedom. His approach to his work can be described as a combination of craftsmanly concept and spontaneous, open-ended execution. Traces of the production process such as asymmetry, disharmony, rough rather than smooth surfaces, cuts and corrections remain visible. His objects relate to vases as the sculptures of, say, Isa Genzken do to architecture.

With his 2008 *Archetypen* [Archetypes], Nagel succeeded by means of Deconstruction in making a wide variety of 'vases'. Playfully and skilfully he masters the montage of the various parts of each object. Nothing really matches up; seams and section cuts are crooked and rough, yet the finished objects are notably the result of astonishing combinations: they appear imaginative, processual and unusual, to take the most important adjectives for Nagel's art. You sense that the artist always works towards openness, the unknown. It's as if he were constantly beginning anew. The share of extremely disparate parts has grown with time; the objects have become larger, with more parts, bolder, ultimately to attain stasis in a very fragile equilibrium. They are unsuitable for flowers because they draw all attention to themselves with their breaks, irregularities and plays on disparity. What might be almost overwhelming in a large societal format can be responded to in a small one without worries and with pleasure.

However, Deconstruction means for Nagel not merely disassembling forms but also developing new working techniques that analytically reflect all rules of traditional pottery making. Ilka Rambausek writes about this in a text for the Jürgen Ponto Foundation catalogue *Johannes Nagel* (2014): „The production processes traditional to ceramics are the starting point for Johannes Nagel's experimentation. They are also the friction point at which the artist's innovative methods are engaged step by step. Gradually individual sub-processes are abbreviated, concentrated, counteracted or negated. An ongoing discussion about genre, medium and material is the result of this self-referential involvement."

Yet all this would not mean much if the artist did not succeed in reflecting aesthetically on life as we perceive it, being provocative about it or addressing it. Although his objects were once viewed as disharmonious and ugly, their instability, imperfection and dissonance are today part of our dynamic and processual perception of life. His objects possess a well-balanced composition of disparate parts. Here what in everyday life often succeeds, and, if at all, only with a great effort, reveals itself as an aesthetically exciting image. Herein, too, lies the fundamental difference to Peter Voulkos, one of Nagel's 'gods' in his early years. Voulkos's oeuvre was entirely under the sway of an egocentric, vibrant Expressionism. Nagel's work stems from a more fragile ego, which must constantly redefine its relationships through dialogue. Flexibility, spontaneity, transformation, negation of the canon and experimentation are all essential constituents.

Working on a personally and domestically relatable scale enables Nagel to bring to bear his vast experience of his material on working it with both spontaneity and craftsmanship. The larger scale of architecture, on the other hand, requires an enormous investment in calculation and construction. Unlike earlier times, in which architecture merely obeyed collective rules (unity, harmony, stability) and varied them, the dissolution of traditional form in architecture calls for both exceptional circumstances and phenomenally talented practitioners, such as Frank Gehry or Zaha Hadid, who have succeeded in realising the boldest experiments in form and material. Thus they have created extravagant, showy yet contextually disparate buildings that stand out in spectacular contrast to the wider urban context. Nagel's objects produce very similar effects in the domestic environment: just as atectonic architecture is incompatible with the urban landscape, so Nagel's objects are unsuitable for use as flower vases. Their sheer extravagance overwhelms and disrupts the natural harmony of flowers. Because of their intimate format and the delicacy of the materials used to make them, Nagel's objects fit into the domestic environment while at the same time contradicting it by adding to it a free, processual, extravagant, raw and nonconforming essence.

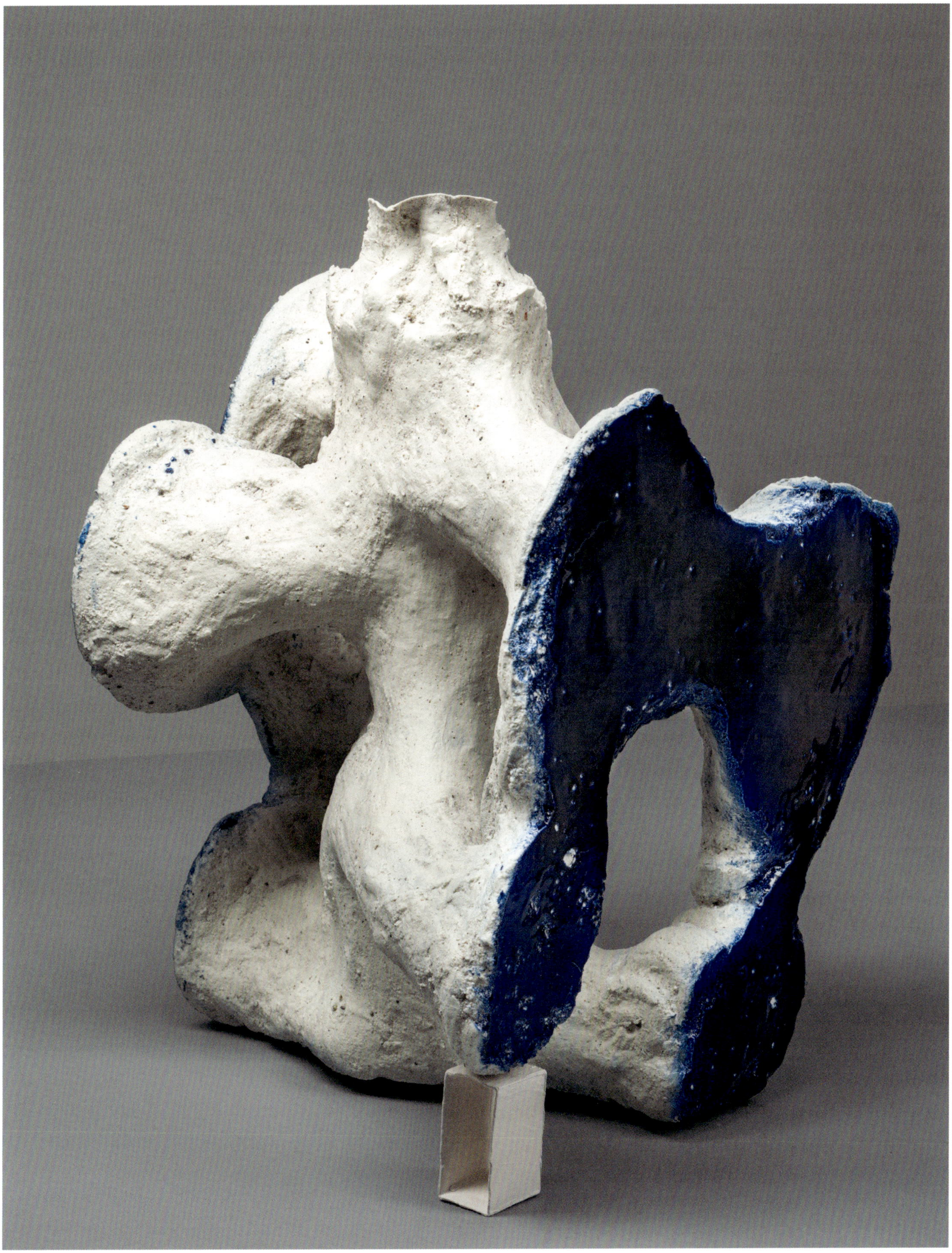

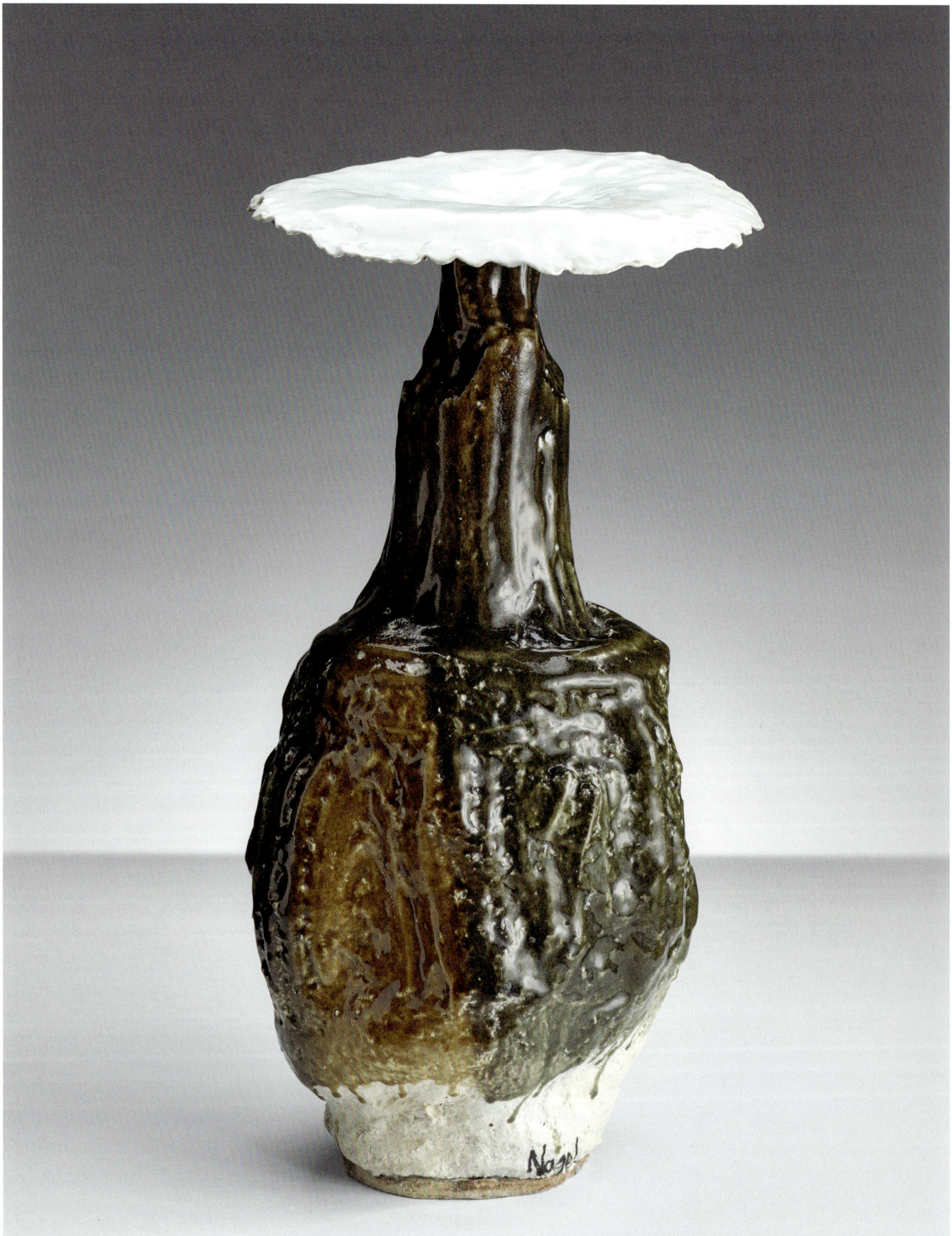
Nagel

Im unsichtbaren Raum: Die Gesten des Johannes Nagel

MARCEL RENÉ MARBURGER

Der Zufall spielt bei Künstlerinnen und Künstlern schon seit Langem und bis heute eine wichtige Rolle: Der Dadaist Hans Arp etwa schuf im Züricher Cabaret Voltaire zufällig arrangierte Textbildcollagen und ebenso inkludierte Max Ernst in den 1940er-Jahren aleatorische Verfahren in sein Schaffen, indem er tröpfelnde Farbdosen über einer Leinwand kreisen ließ. Höchstwahrscheinlich beeinflusste er damit die *Drippings* von Jackson Pollock. John Cage wiederum überließ manche gestalterische Entscheidung dem I Ging und auch Niki de Saint Phalle mit ihren Schießbildern sowie Dieter Roth wären hier zu nennen. Letzterer überließ seine Schimmelbilder im Zerfallsprozess autopoetischen und damit nicht voraussehbaren Wirkungsweisen. Noch vor wenigen Jahren griff Gerhard Richter bei der Gestaltung des Südquerhausfensters des Kölner Domes bei der Anordnung der etwa 12.000 quadratischen Glas-Scheiben auf ein Computerprogramm zurück, in das ein Zufallsfaktor implementiert war. Aleatorische Verwendungen wurden jedoch schon vor der Moderne nicht nur verwendet, sondern sogar theoretisch beschrieben: So berichtet Leonardo da Vinci von zufällig getroffenen Wahrnehmungen bei der Bildfindung und Bildgestaltung; beispielsweise ließ er sich von Flecken, Mauerrissen oder Wolkenformationen inspirieren, wie er in einem frühen Traktat zur Malereiausbildung schreibt. In diesem Zusammenhang spricht Leonardo unter anderem vom „formlosen Entwurf“[1] – ein Begriff, der im Übrigen perfekt zu den Arbeiten von Johannes Nagel passen würde.

Systematisiert wurde das Verfahren der zufälligen Bildfindung von dem englischen Maler Alexander Cozens in seinem 1885 erschienenen Buch *A New Method of Assisting the Invention in Drawing Original Compositions in Landscape*. Um Natur möglichst getreu abbilden zu können, ging Cozens nicht von Linien, sondern von Farbflächen aus, die nahtlos in andere Farbflächen übergehen. Als Ausgangspunkt der Bildgestaltung begann er häufig mit einem Farbklecks, ein Verfahren, das später als „Klecksografie“ bezeichnet wurde. August Strindberg wiederum veröffentlichte 1894 den Aufsatz „Neue Kunstformen. Der Zufall im künstlerischen Schaffen“ und betont darin die

1 Leonardo da Vinci, *Traktat zur Malerausbildung*, in: Sämtliche Gemälde und die Schriften zur Malerei (hrsg. v. André Chastel), München 1990, S. 384–385.

Wichtigkeit des Zufalls für den künstlerischen Schaffensprozess. „Was ist das?“, schreibt Strindberg, „Die Maler nennen es ‚Palettenschabsel‘, was bedeutet: Nach beendeter Arbeit kratzt der Maler die Reste der Farbe zusammen, und wenn er Lust bekommt, macht er irgendeinen Versuch. ... Der Mühe entledigt, die Farben zu erfinden, verfügt die Seele des Malers über die Fülle ihrer Kräfte, um die Konturen zu suchen, und indem die Hand auf gut Glück mit dem Spatel hantiert, wobei sie dennoch das Modell der Natur beibehält, ohne sie kopieren zu wollen, entpuppt sich das Ganze als dieser reizvolle Mischmasch aus Unbewusstem und Bewusstem.“[2]

2 August Strindberg, *Verwirrte Sinneseindrücke. Schriften zu Malerei, Fotografie und Naturwissenschaften*, Hamburg 2009 (1998), S. 31.

Einer der ersten Künstler, der den Zufall explizit in seine Arbeitsweise integrierte und der von vielen nachfolgenden Künstlern als Einfluss genannt wird, ist Marcel Duchamp. 1913 ließ er drei Fäden von je einem Meter Länge aus einem Meter Höhe auf den Boden fallen und fixierte die Fäden dann in der jeweiligen, zufällig entstandenen Form auf Leinwänden. Mit dem *Trois stoppages étalon* genannten Werk richtet sich Duchamp einerseits – wie schon mit seinen Readymades gegen das Bild eines originär schaffenden Künstlergenies. Andererseits integriert er jedoch auf markanteste Weise den Zufall in seinen Schaffensprozess. Wie er später selbst erklärt, war ihm die Bedeutung seiner spielerischen Entdeckung zunächst nicht bewusst: „Ich würde sagen, die Trois Stoppages von 1913 sind mein wichtigstes Werk. Das war der Zeitpunkt, als ich die Haupttriebfeder für meine Zukunft fand. Für sich selbst war es kein so bedeutendes Kunstwerk, doch mir bereitete es den Weg – einen Weg, um den traditionellen Ausdrucksmethoden, die man lange Zeit mit der Kunst assoziiert hatte, zu entrinnen. Zu jener Zeit nahm ich noch gar nicht richtig wahr, worauf ich dabei gestoßen war. Wenn sie etwas anschlagen, erkennen sie nicht immer sofort den Klang. Das kommt erst später. Für mich waren die Trois Stoppages eine erste Geste, die mich von der Vergangenheit befreite.“[3]

3 Bernhard Holeczek, Lida von Mengden, *Zufall als Prinzip. Spielwelt, Methode und System in der Kunst des 20. Jahrhunderts*. Heidelberg: Edition Braus, 1992, S. 27, 28.

Duchamp verbindet in diesem Zitat die Geste und den Zufall, und diese Verbindung ist begründet, denn eine Geste hat auch immer einen zufälligen Charakter. Für Vilém Flusser ist die Geste sogar eine freiheitliche, oder genauer: Die menschliche Geste bewegt sich exakt an der Schnittstelle zwischen gedanklichem Entwurf und der praktischen Realisierung am Material, also zwischen Innen und Außen, zwischen Bewusstsein und Welt. Sie agiert genau im Übergangsbereich von willentlich gesteuertem Ausdruck und der nicht genau vorhersehbaren Reaktion des Materials. Aber nicht nur das Sträuben des Materials ist nicht voraussehbar, sondern auch die Geste selbst. Ich kann zwar meine Bewegungen trainieren, beispielsweise wie beim Tai-Chi oder beim Tanz. Aber gerade die Tatsache, dass ich meine Bewegungsabläufe aufwendig trainieren muss, um sie halbwegs perfekt steuern zu können, bedeutet ja schon, dass auch die eigenen Handlungen nur bedingt als willentlich gesteuerte Akte aufgefasst werden können. Denn wie wir uns äußern, hängt einerseits von unserer körperlichen Bedingtheit ab, ist aber ebenso von Geburt an erlernt und von Erfahrungen geprägt worden, die wir in der Außenwelt gemacht haben. Unser Bewusstsein wird also ebenso von der Welt geformt, wie wir die Welt formen: Wir verändern die Welt, aber ebenso verändert die Welt uns – in einem ständigen, aufeinander reagierenden Prozess.

Der französische Philosoph Michel Foucault hat die auf uns wirkende und von uns gestaltete Welt als „Dispositiv" umschrieben – als Bedeutungsgefüge, das uns alle wie ein unsichtbares Korsett umgibt und das auf unser Handeln ebenso einwirkt wie auf unser Denken. Gesten sind dementsprechend nur bedingt freiheitlich; sie verweisen immer auch auf unser Geprägtsein, bemühen sich aber gleichzeitig, sich aus dieser Bedingungshaftigkeit zu befreien: Sie sind nicht freiheitlich, stellen aber einen Akt der Freiheit dar. Vilém Flusser begreift Gesten zudem als Gegenentwurf zum Apparatischen. Apparatische Abläufe, beispielsweise die in einem Computer, sind programmiert, also vor-geschrieben. Indem wir uns zunehmend mit Apparaten umgeben, richten wir uns immer mehr nach vorgeschriebenen Abläufen: Apparate sind Vorschriftsmedien und lassen unser Handeln, aber auch unser Denken, immer geregelter, immer erwartbarer werden. Unser Leben wird dadurch vorgeformt – also formalisiert. Im Unterschied dazu sind Gesten nicht in Gänze formalisierbar; sie haben, eben weil sie nicht im Detail steuerbar sind, immer auch eine individuelle Komponente – und umso individueller, umso eigenartiger sie sind, desto mehr reiben sie sich an dem Foucaultschen Korsett, das auf uns einwirkt; und desto mehr widersetzen sie sich den apparatisch geprägten Formalisierungstendenzen.

Für Flusser sind Künstlerinnen und Künstler in besonderer Weise verantwortlich, den apparatischen Prägungen etwas entgegenzusetzen; ihnen traut er diese Aufgabe zu, da Kreativität immer heißt, bestehende Grenzen und Festlegungen – und eben auch ästhetische Erwartungen – zu überwinden: Der künstlerische Akt muss ein Akt der Freiheit sein und über Grenzen jeglicher Art hinweggehen. Johannes Nagel erfüllt diese Erwartung Flussers und setzt sich zudem konkret mit der künstlerischen Formfindung auseinander: Denn Gestaltung ist ebenfalls abhängig von Bedingungen – die Herstellung ebenso wie die Ausstellung betreffend. So trifft man auch bei der Ausstellung von Werken auf bestimmte Erwartungen, etwa in Bezug auf die visuelle Erscheinung. Möglicherweise üben diese Erwartungen der Rezipienten bereits einen Einfluss auf die Herstellung von Kunstwerken aus. Indem Johannes Nagel Hohlräume gräbt und die Form seiner Keramiken gestisch ermittelt, ist seine Vorgehensweise ständiges Experiment und fortwährende Erkundung der Möglichkeiten des künstlerischen Ausdrucks zugleich: Ohne geistiges oder ästhetisches Korsett setzt er sich haptisch und deshalb konkret mit dem Material der Hohlform auseinander. Und indem er dies in einem unsichtbaren Raum tut, dringt er in einen zunächst unbekannten, nur ertastbaren Bereich vor. Er lässt sich also auf das Unbekannte ein, und diese Vorgehensweise ist erneut eine genuin künstlerische. Man sucht etwas, aber was bei dieser Entdeckungsreise herauskommt, ist niemals genau das, was man sich vorher vorgestellt hat. Und der Weg der Erkundung ist möglicherweise sogar wichtiger als das spätere visuelle Ergebnis.

Willi Baumeister, der bereits 1934 das zu diesem Thema wegweisende Buch *Das Unbekannte in der Kunst* verfasst hat, beschreibt die Differenz zwischen Ziel und Ergebnis als „schöpferischen Winkel". Umso größer der Winkel ist, also umso mehr Absicht und Resultat auseinanderklaffen und umso weniger erwartbar das Ergebnis ist, desto innovativer und damit kreativer ist das Kunstwerk. Wie Baumeister als Grundthese seines Werkes formulierte, seien „trotz aller Experimente und Forschungen, trotz dem bewussten Suchen [...] alle wirklich großen Werte durch Zufall, nebenbei, auf Umwegen, jedenfalls in unkontrollierbarer Weise gefunden worden."[4] Die Aufgabe von Künstlerinnen und Künstlern sieht er darin, in das Unbekannte vorzudringen, und diesem durch ihre Werke neue Werte zu entreißen. Ein originär schaffender Künstler kann sein Vorgehen nicht planen, sondern ist auf Zufälle und Überraschungen angewiesen: „Da er als Vorderster mit jedem Werk ins Unbekannte stößt, kann er nicht voraussagen, auf was er stoßen wird. Er kann weder die Endform des einzelnen Werkes voraussehen, noch seine

4 Willi Baumeister, *Das Unbekannte in der Kunst*, Stuttgart 1947, S. 161.

gesamte Lebensleistung überschauen, wenn er auch seiner Sache sicher ist".[5] Erst das bewusste Außerkraftsetzen der absichtsvollen Entscheidungsgewalt ermöglicht demnach den Eintritt in gänzlich unbekannte ästhetische Welten. Die von Johannes Nagel getroffene Entscheidung, in etwas hinein zu graben und damit in das Unbekannte vorzudringen, ist im Kleinen eine sehr genaue Untersuchung der Bedingungen von kreativen Prozessen in der künstlerischen Gestaltung und im Großen eine Auseinandersetzung mit den Bedingungen unserer Existenz – bei gleichzeitiger Überwindung dieser Bedingungen.

5 A.a.O., S. 156.

In an Invisible Space: Johannes Nagel's Gestures

MARCEL RENÉ MARBURGER

Chance played an important role in artists' work for a long time and continues to do so today: The Dadaist Hans Arp, to take one example, created fortuitously arranged collages of texts and pictures at the Cabaret Voltaire in Zurich. Max Ernst also included aleatory processes in his work in the 1940s by making dripping cans of paint circle above a canvas. Hence he is highly likely to have influenced Jackson Pollock and his 'drip paintings'. John Cage, to take another example, left some design decisions to the *I Ging*. Both Niki de Saint Phalle with her *Shooting Pictures* and Dieter Roth should also be mentioned in this connection. The latter left his Mould Pictures up to autopoetic – that is, unforeseeable – operations and effects in the process of decay. Only a few years ago, when designing the south transept window of Cologne Cathedral, Gerhard Richter resorted to software with a chance factor installed to arrange some 12,000 square glass panes. However, aleatory applications were used long before the modern age and were even described theoretically: Leonardo da Vinci reports on chance perceptions encountered in pictorial invention and design. For instance, he drew inspiration from blots, cracks in old walls and cloud formation, as he explains in an early treatise on training painting skills. Similarly Leonardo speaks of 'no pre-established formal design'[1] – a concept that would, incidentally, be a perfect match with Johannes Nagel's works.

The process of fortuitous pictorial invention was systematised by the English painter Alexander Cozens in his book *A New Method of Assisting the Invention in Drawing Original Compositions in Landscape* (published in 1885). To reproduce nature as faithfully as possible, Cozens started with colour surfaces that seamlessly blurred into other colour surfaces rather than lines. He often took 'accidental smudges and blots' as his starting point in designing a picture, a process that would later be called 'blotography'. In 1894 August Strindberg published an essay translated into German as *Neue Kunstformen. Der Zufall im künstlerischen Schaffen* [New Art Forms. Fortuity in Artistic Creation], emphasising the importance of chance in the creative process. 'What is that?' writes Strindberg. 'Painters call it "palette scraping", which means on finishing work, a painter scrapes together the paint that is

1 Leonardo da Vinci, *Traktat zur Malerausbildung*, in: Sämtliche Gemälde und die Schriften zur Malerei, ed. André Chastel, Munich 1990, pp. 384–385

left over and, if he feels the desire to, conducts some experiment. [...] The effort obviates the necessity of inventing colours; the painter's soul has at its disposal the fullness of their powers to find contours, and, because his hand handles the palette knife at a venture while nonetheless retaining the model of nature without wanting to copy it, the whole turns out to be this attractive hotchpotch of unconscious and conscious.'[2]

2 Translated from August Strindberg, *Verwirrte Sinneseindrücke. Schriften zu Malerei, Fotografie und Naturwissenschaften*, Hamburg 2009 (1998), p. 31.

One of the first artists to integrate chance in the work process explicitly was Marcel Duchamp, who has been cited by many later artists as an influence. In 1913 he 'dropped three threads one meter long from a height of one meter on to three stretched canvases and made the threads adhere to the canvases to preserve the random curves they assumed on landing'. With this work, which he called *Trois stoppages étalon* [3 Standard Stoppages], on one hand Duchamp attacked the image of the artist as genius, the creator of original works – as he had already done with his Readymades. On the other he most emphatically integrated fortuity in his creative process. As he later explained himself, he was not at first aware of the significance of this tongue-in-cheek discovery. Asked about what he regarded as his most important work, he replied, 'As far as date is concerned I'd say the Three Stoppages of 1913. That was when I really tapped the mainspring of my future. In itself it was not an important work of art, but for me it opened the way – the way to escape from those traditional methods of expression long associated with art. For me the Three Stoppages was a first gesture liberating me from the past.' At that point he was not really aware of what he had stumbled on, saying if one hit something, one did not always recognise the sound at first. That came later.[3]

3 Bernhard Holeczek, Lida von Mengden, *Zufall als Prinzip. Spielwelt, Methode und System in der Kunst des 20. Jahrhunderts*, Heidelberg 1992, pp. 27, 28.

In the passage quoted above, Duchamp links gesture and chance, and this linkage is not fortuitous because a gesture always has a fortuitous character. For Vilém Flusser gesture is even libertarian, or, put more precisely: the human gesture is located precisely at the interface between mental design and practical realisation on the material itself – that is, between inside and outside, consciousness and world. Chance is operative in precisely the transitional zone between volitionally guided expression and reaction to the material, which cannot be precisely foreseen. However, not only is the resistance offered by the material unforeseeable; so is the gesture itself. I can train my movements, for instance, when doing Tai chi or dancing. But the very fact that I have to expend such effort on training my sequences and combinations of movements in order to execute them halfway decently already means that even one's own actions can be perceived only partly as under one's own control. After all, how we express ourselves depends, on the one hand, on our physical condition but is also acquired from birth on and shaped by experiences we have had in our environment. Hence our consciousness is formed by the world just as we form the world: just as we change the world, so the world changes us – in a constant process of interaction and reaction.

The French philosopher Michel Foucault described the world that acts on us and is formed by us as a 'dispositive' – as a semantic configuration that encircles us all like an invisible corset and affects our actions just as it does our thinking. Gestures are, therefore, only partly free; they always also refer to what has shaped us although at the same time they strive to free themselves from this existential conditionality: they are not free yet represent an act of liberation. Vilém Flusser, moreover, conceives of gestures as the counter-model to the mechanical. Mechanical sequences and combinations, such as those in a computer, are programmed – that is, prescribed. Because we are increasingly surrounding ourselves with machines, we are complying more and more with prescribed sequences: machines are prescriptive media and make our actions and also our thinking become ever more regulated, hence expectable. Thus our lives are being preformed – that is, formalised. Gestures, on the other hand, cannot be entirely formalised; just because they cannot be controlled down to the last detail, they also invariably have an individual component – and the more individual they are, the more they tend towards singularity, the more they rub up against the Foucault corset affecting us, and the more they resist tendencies towards formalism that are shaped by technology.

As Flusser sees it, artists bear an especially heavy responsibility for counteracting technological shaping with something. He thinks they are capable of this task because creativity always mean overcoming existing boundaries and prescriptions – and, of course, aesthetic expectations as well: the act of creating art must be an act of freedom and transcend boundaries of all kinds. Johannes Nagel fulfils Flusser's expectation in this respect and, moreover, specifically investigates the issue of formal invention. After all, design also depends on conditions – this is just as true of producing art as it is of exhibiting it. Specific expectations, for instance, with regard to the visual side, are encountered at exhibitions of works. Viewer response to art in turn may well exert an influence on the making of artworks. Because Johannes Nagel hollows out cavities and transmits the form of his ceramic pieces gesturally, his approach to his work involves constant experimentation and unceasing exploration of the possibilities of artistic expression: without an intellectual or aesthetic corset, he uses an approach that is tactile – that is, tangibly concrete – to investigate the material of the hollow form. And by virtue of doing this in an invisible space, he advances into an area that is at first unknown so he can only explore it by blindly groping his way forwards. Therefore, he lets himself in for the unknown and this approach is again a genuinely artistic one. You seek something, but what will come out of this voyage of exploration is never exactly what you imagined in advance. And the journey of exploration may even be more important than the later visual experience.

Willi Baumeister, who went into this subject as long ago as 1934 in the groundbreaking book *Das Unbekannte in der Kunst* [The Unknown in Art], describes the difference between aim and result as the 'creative angle'. The wider the angle – that is, the more the result deviates from the intention behind it and the more unforeseeable the outcome is – the more innovative, hence, creative, an artwork is. As Baumeister phrased the premise on which his work is based, 'despite all the experiments and research, despite the searching, all truly important values are discovered by chance or on detours – at any rate, in an uncontrollable manner.'[4] He sees the task confronting artists as advancing into the unknown, and wresting new values from it through their works. An artist creating original works cannot plan his course of action but depends on chance and surprises: 'Because as the first he pushes into the unknown with each work, he cannot predict what he will come across. He cannot foresee the final form of the individual work or survey his entire life achievement, even if he is certain of his ground.'[5] Accordingly, suspending intentional decision-making is the only way to enable entry into entirely unknown aesthetic worlds. The decision taken by Johannes Nagel to dig into something, and thus advance into the unknown, represents, on a small scale, a very searching examination of the conditions of creative processes in forming art and, on a large one, an investigation of the human condition – while at the same time overcoming that conditionality.

4 Willi Baumeister, *Das Unbekannte in der Kunst*, Stuttgart 1947, p. 161

5 Ibid., p. 156

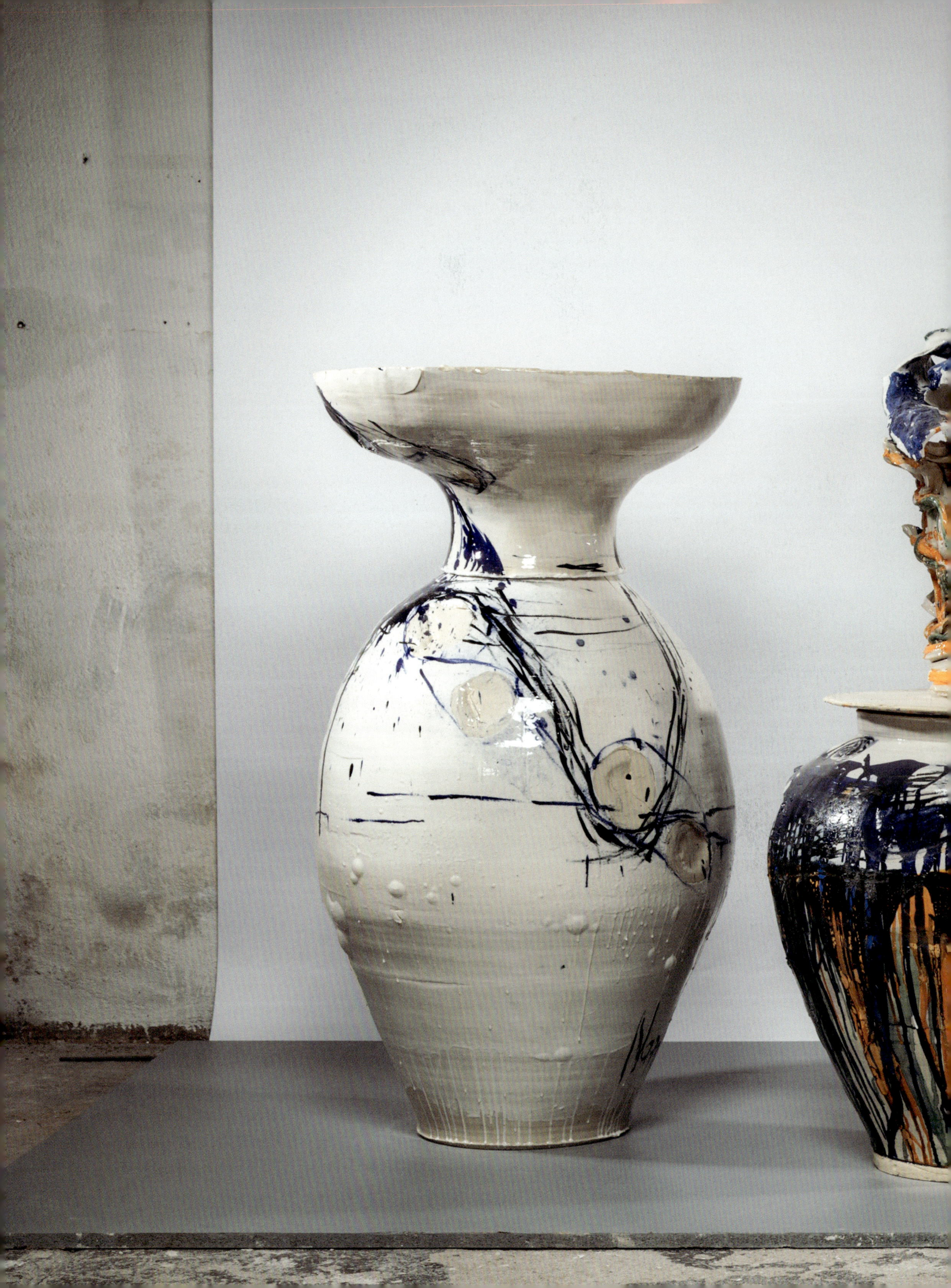

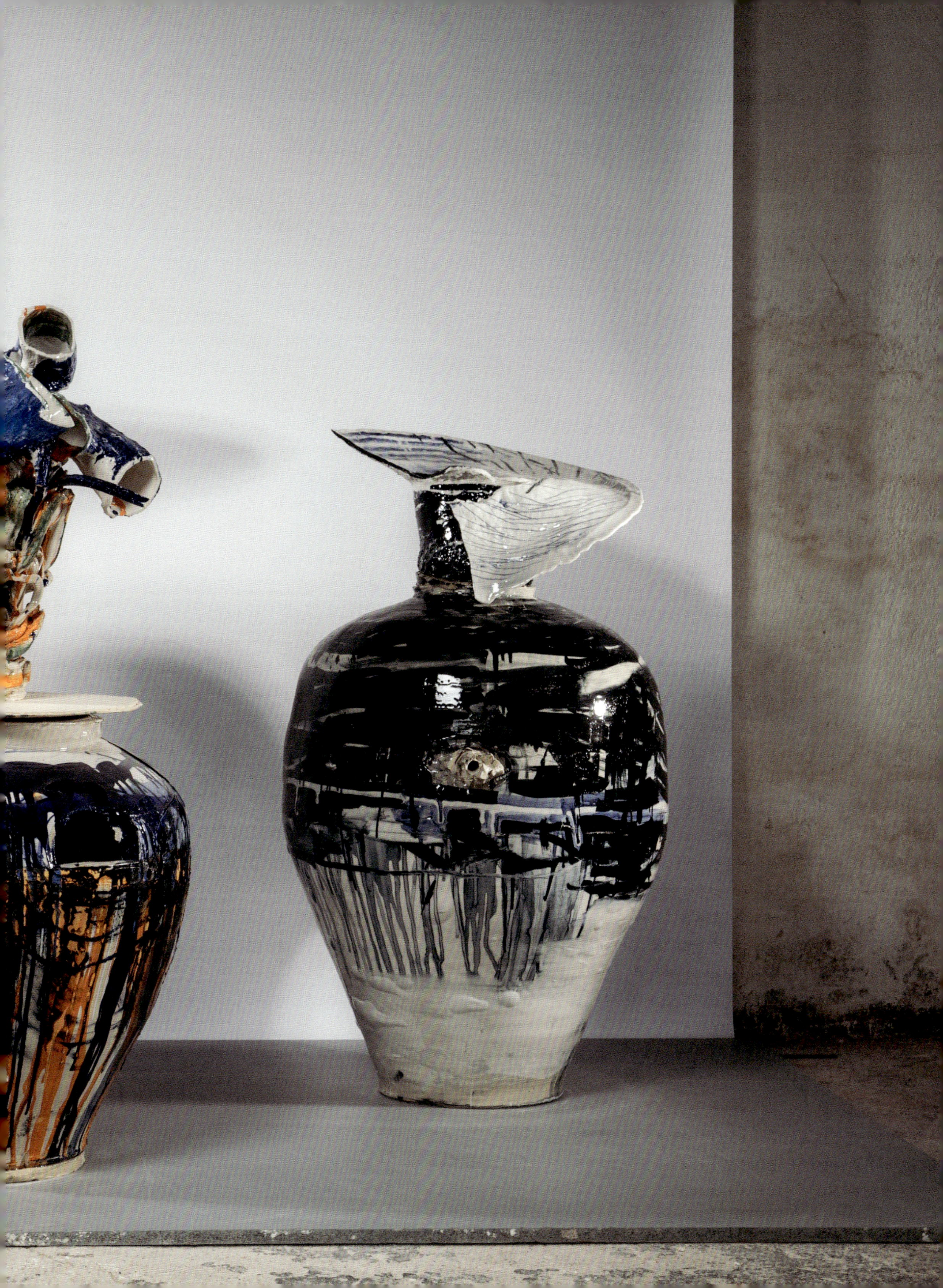

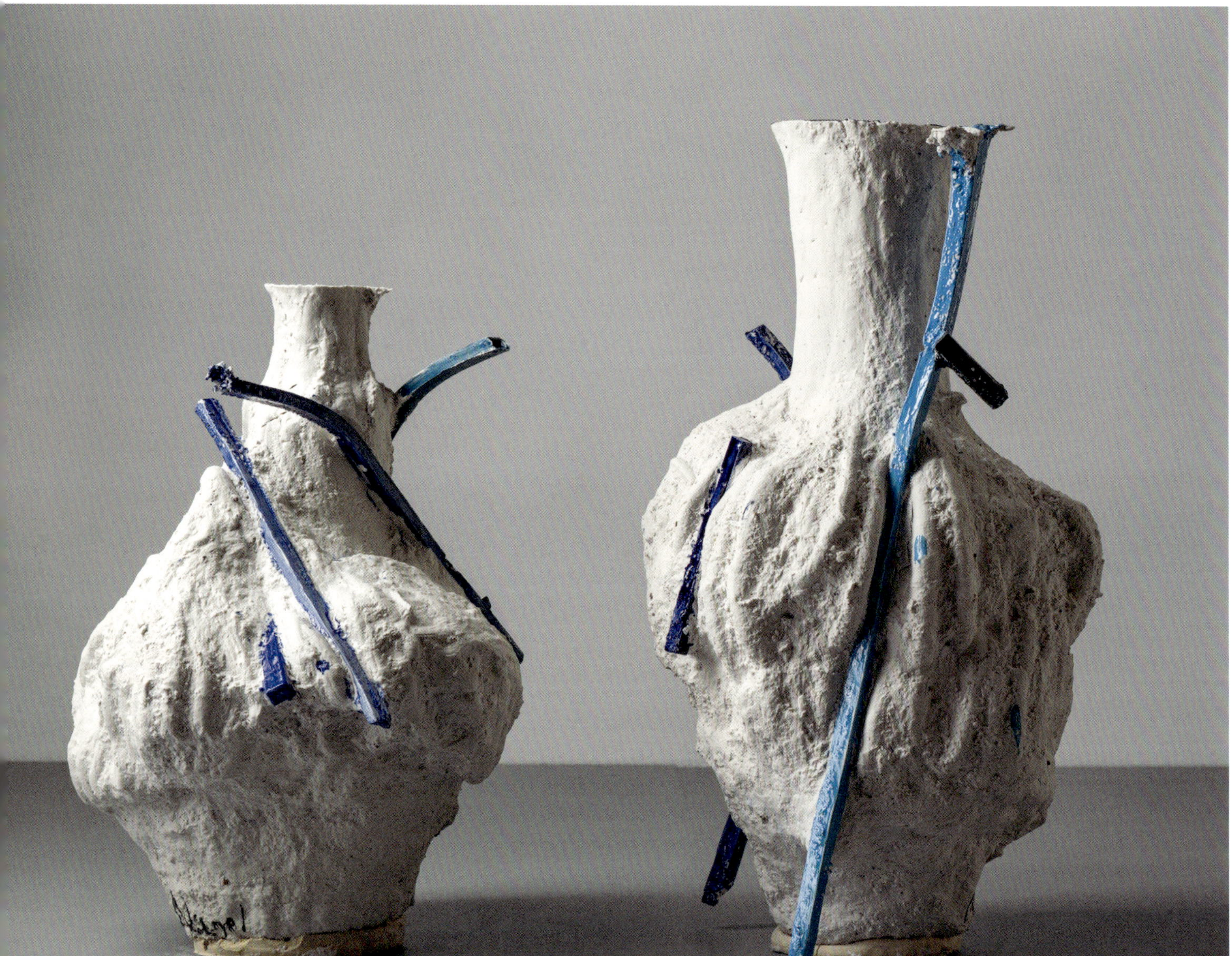

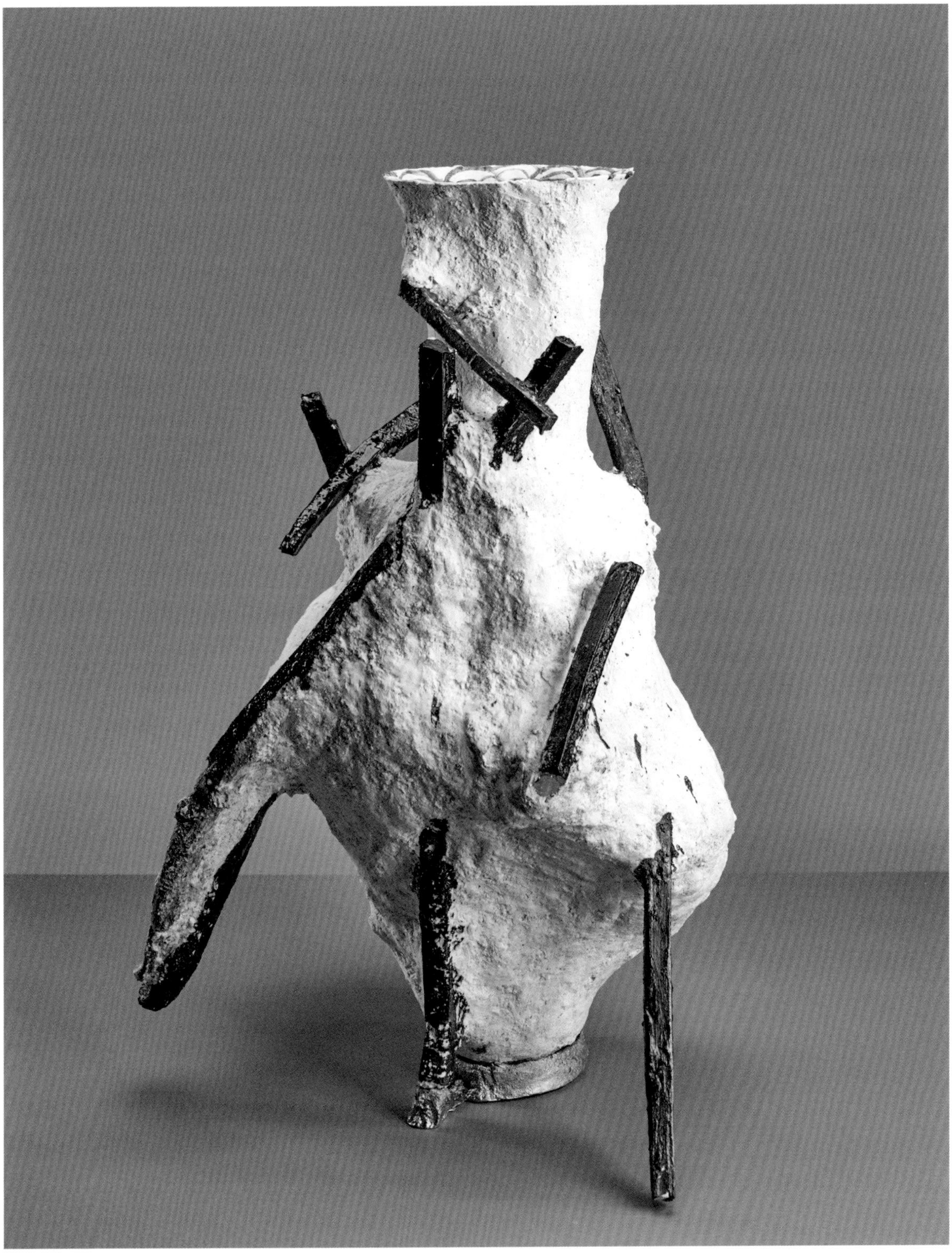

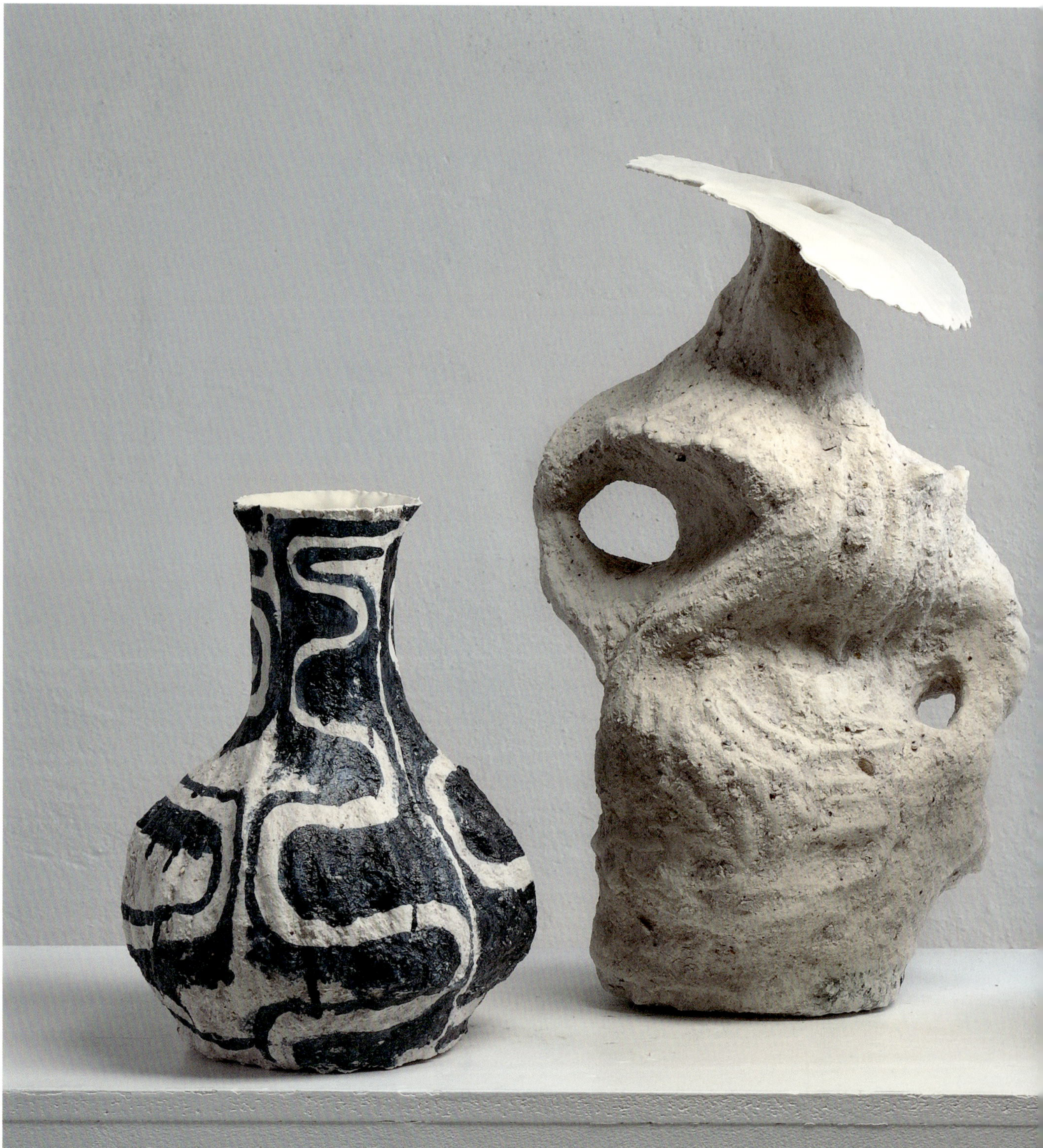

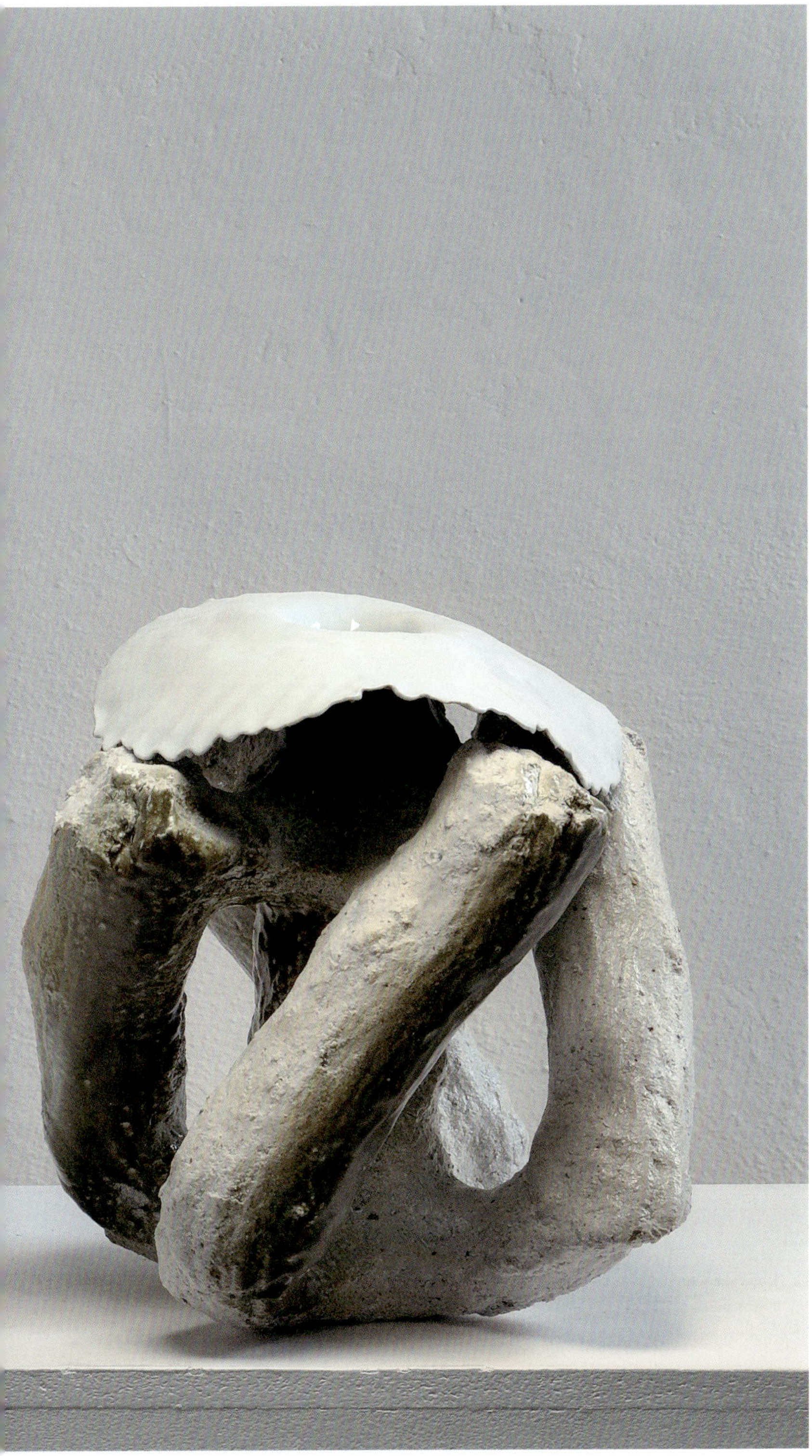

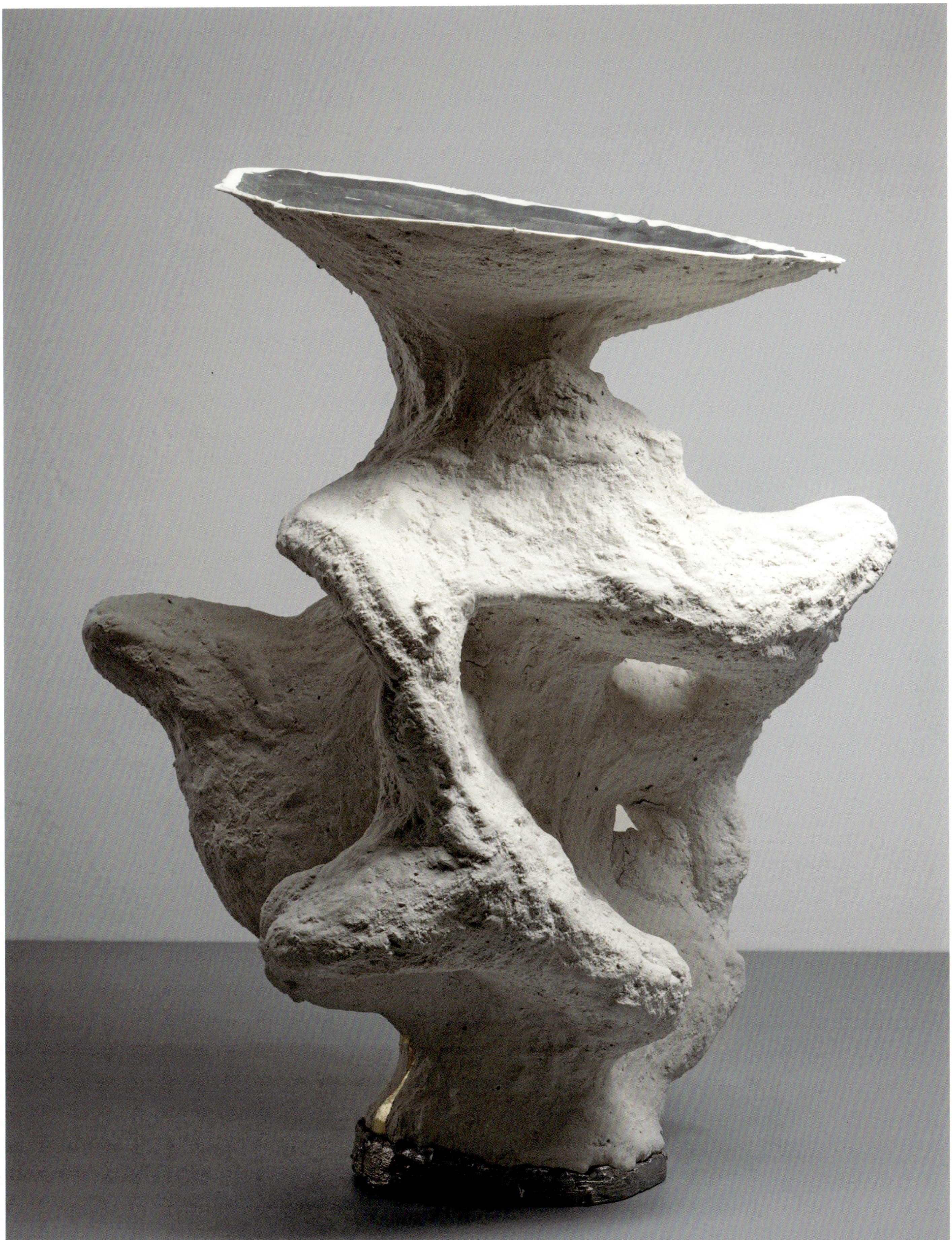

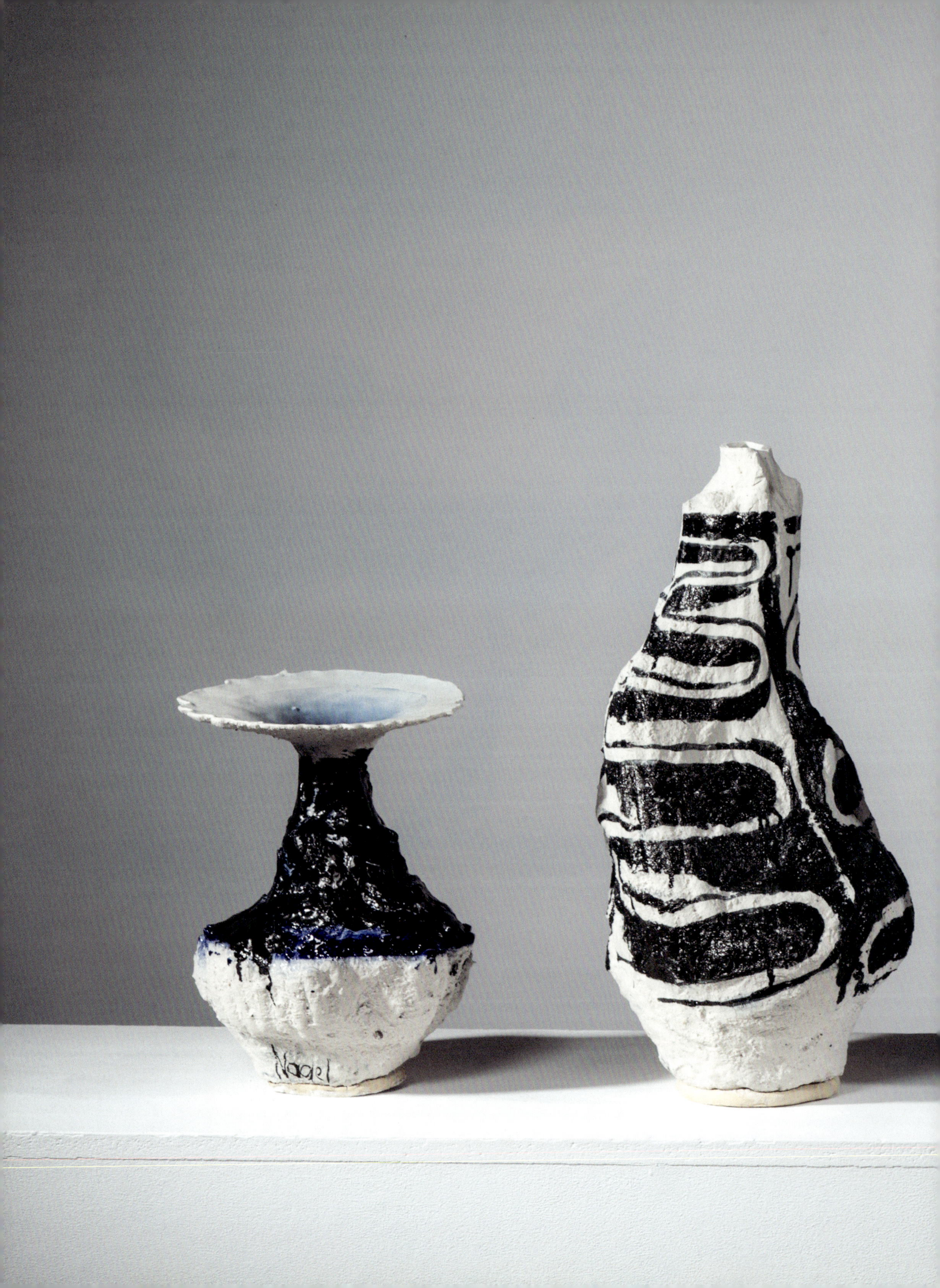
Nagel

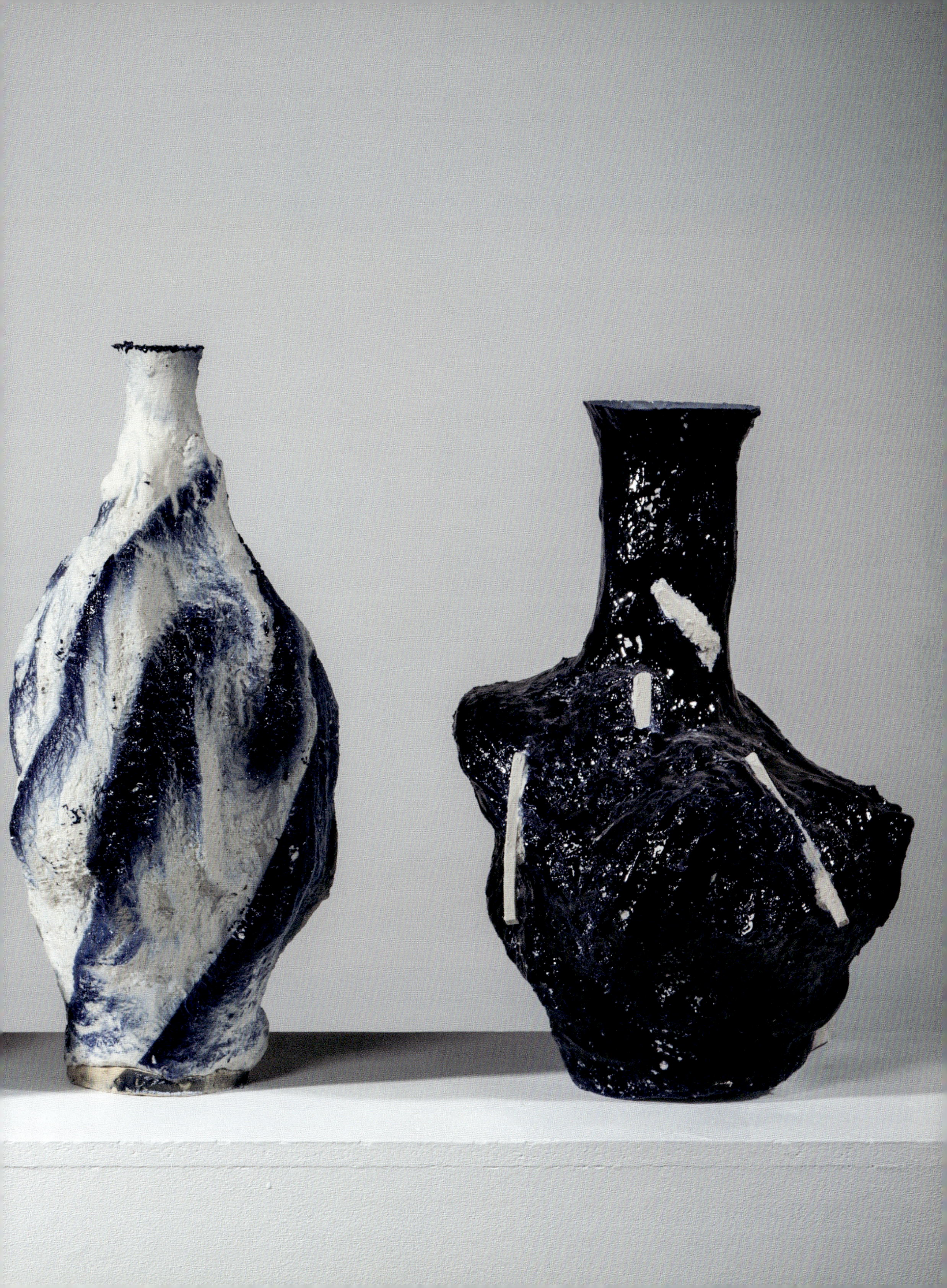

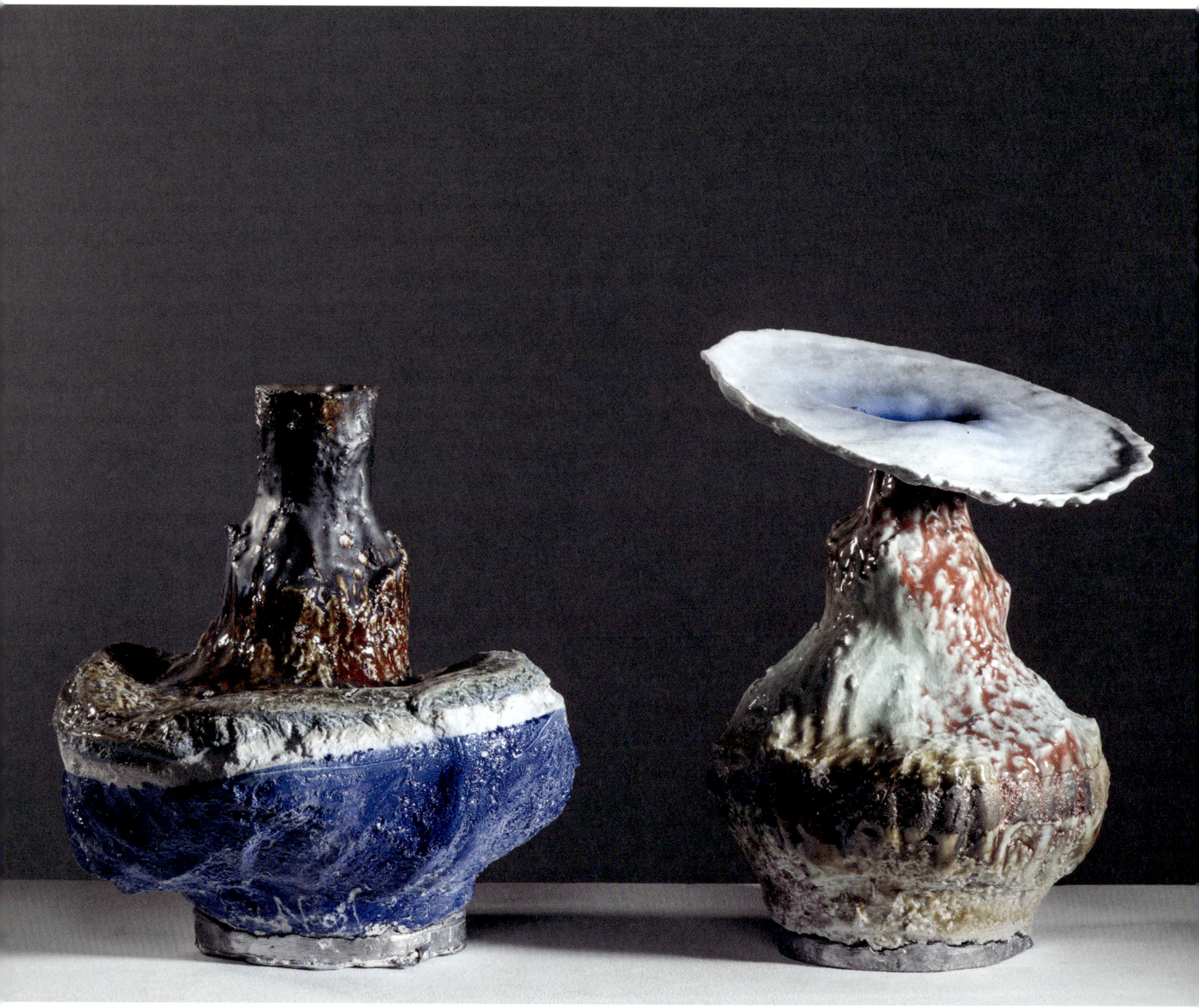

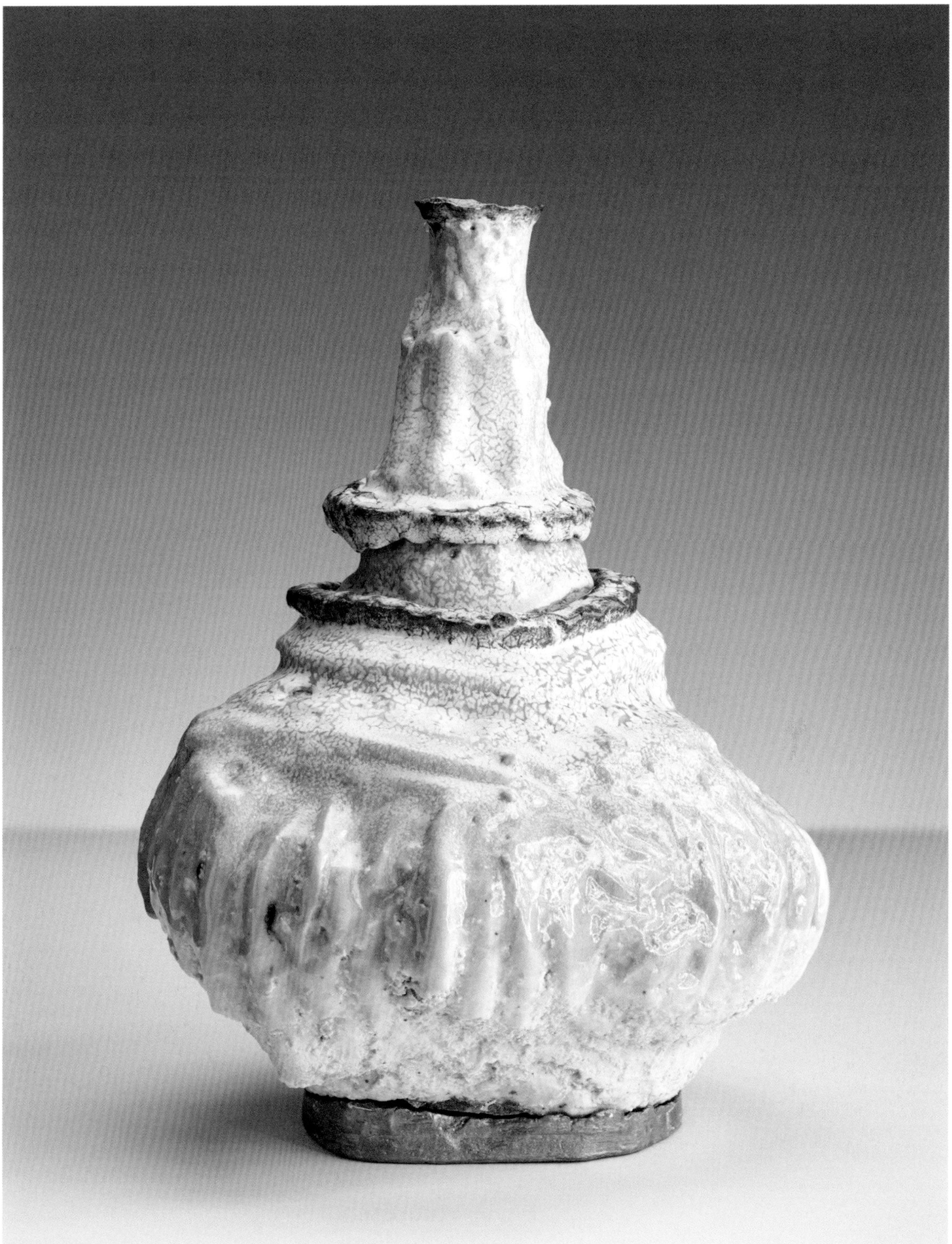

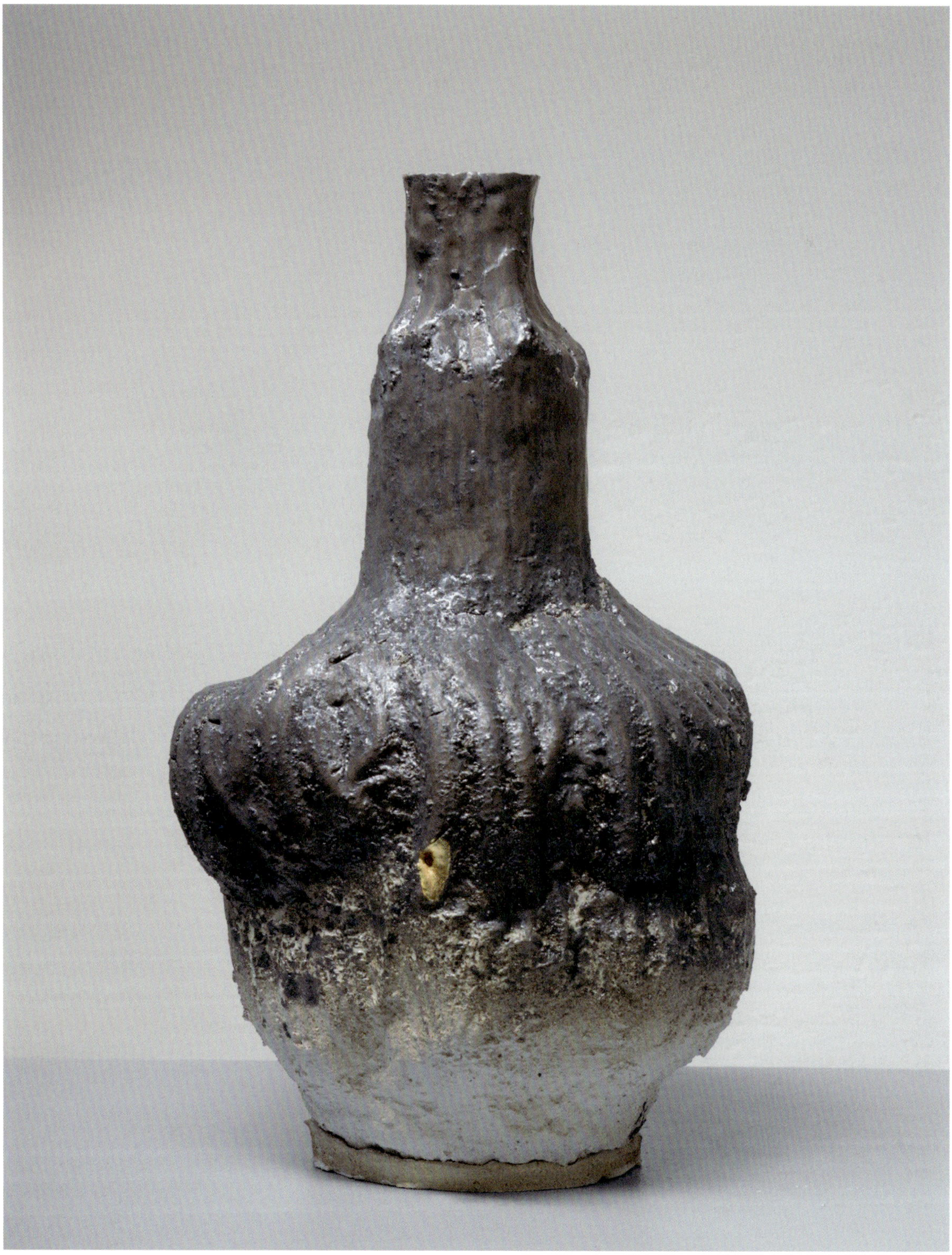

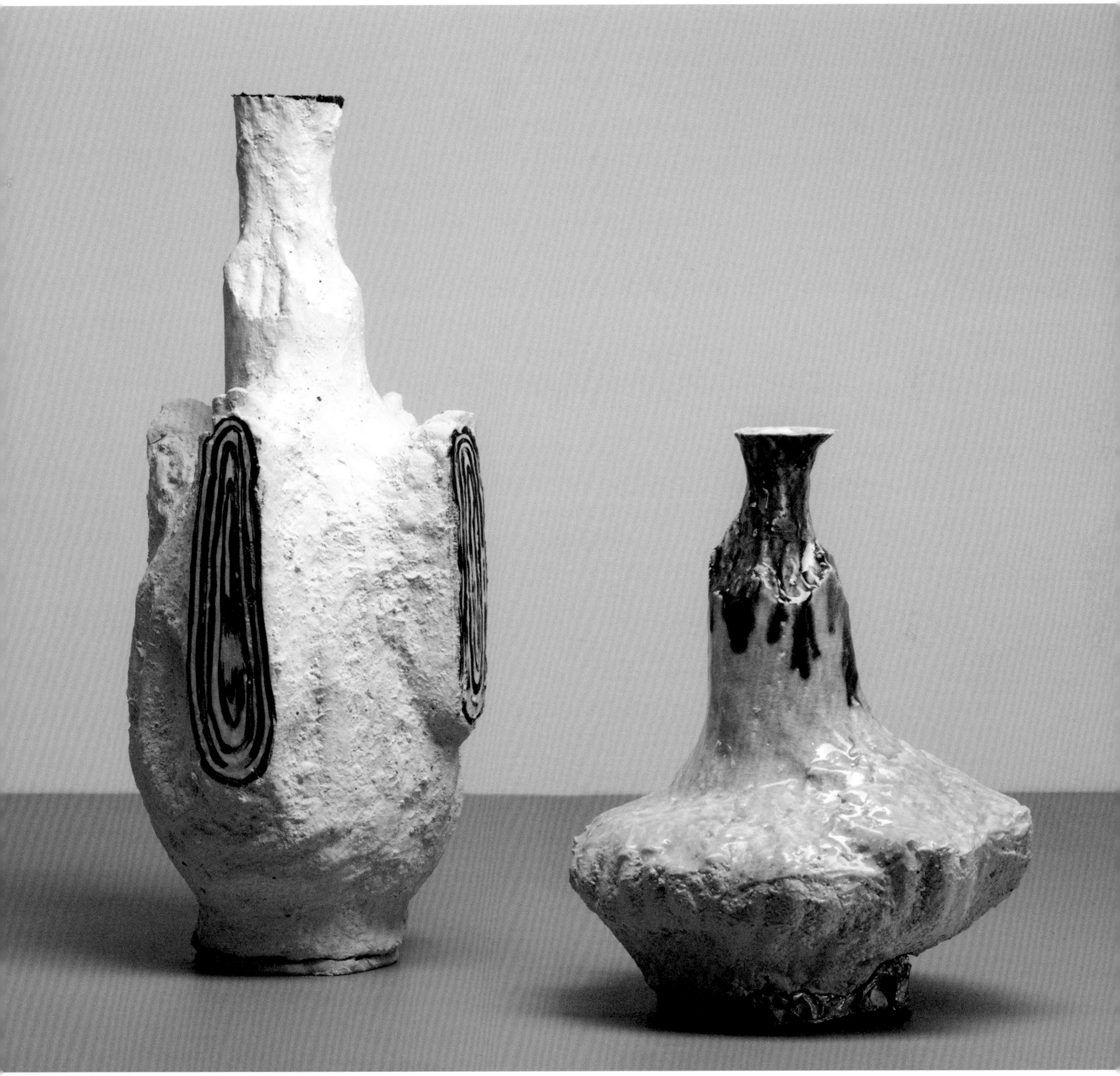

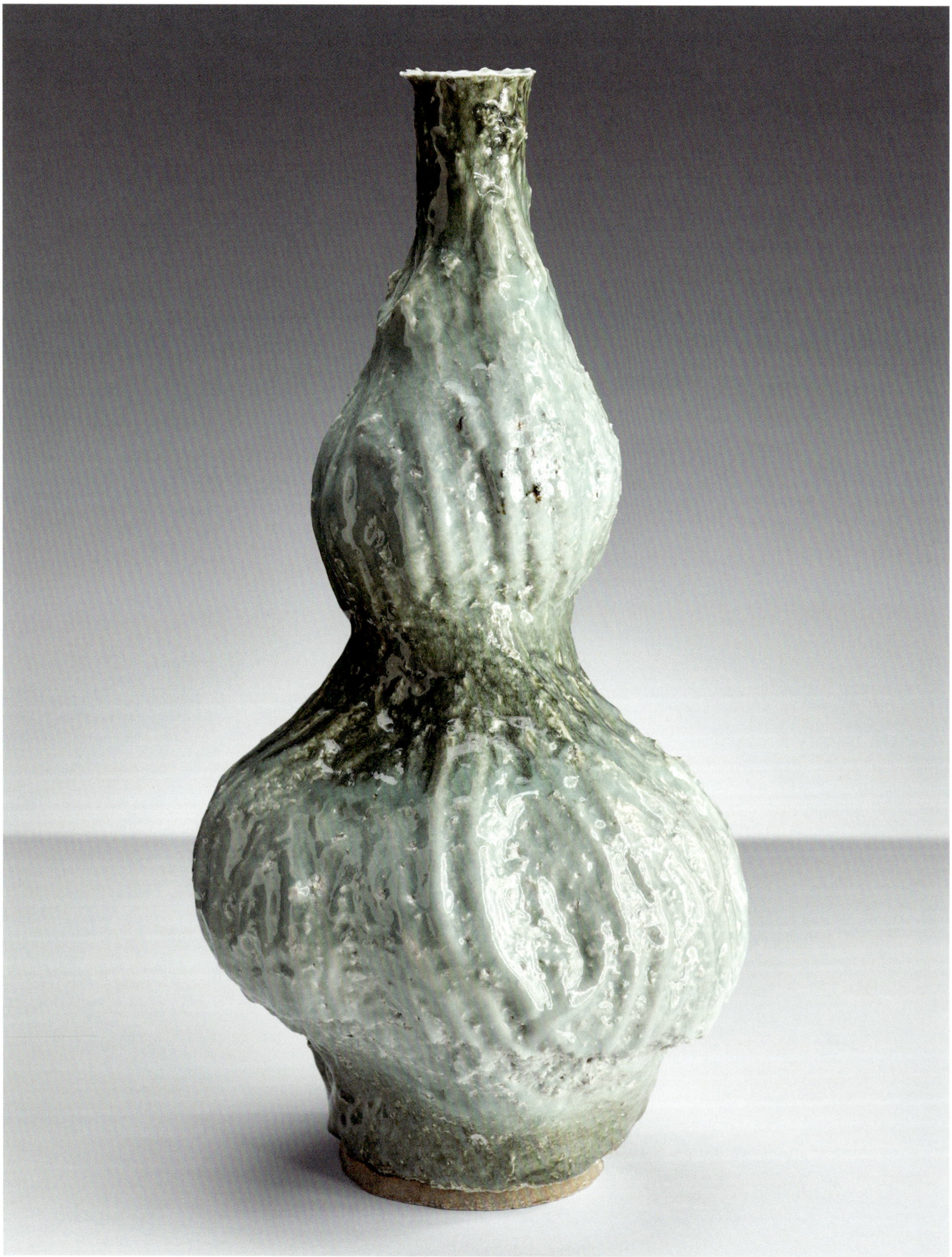

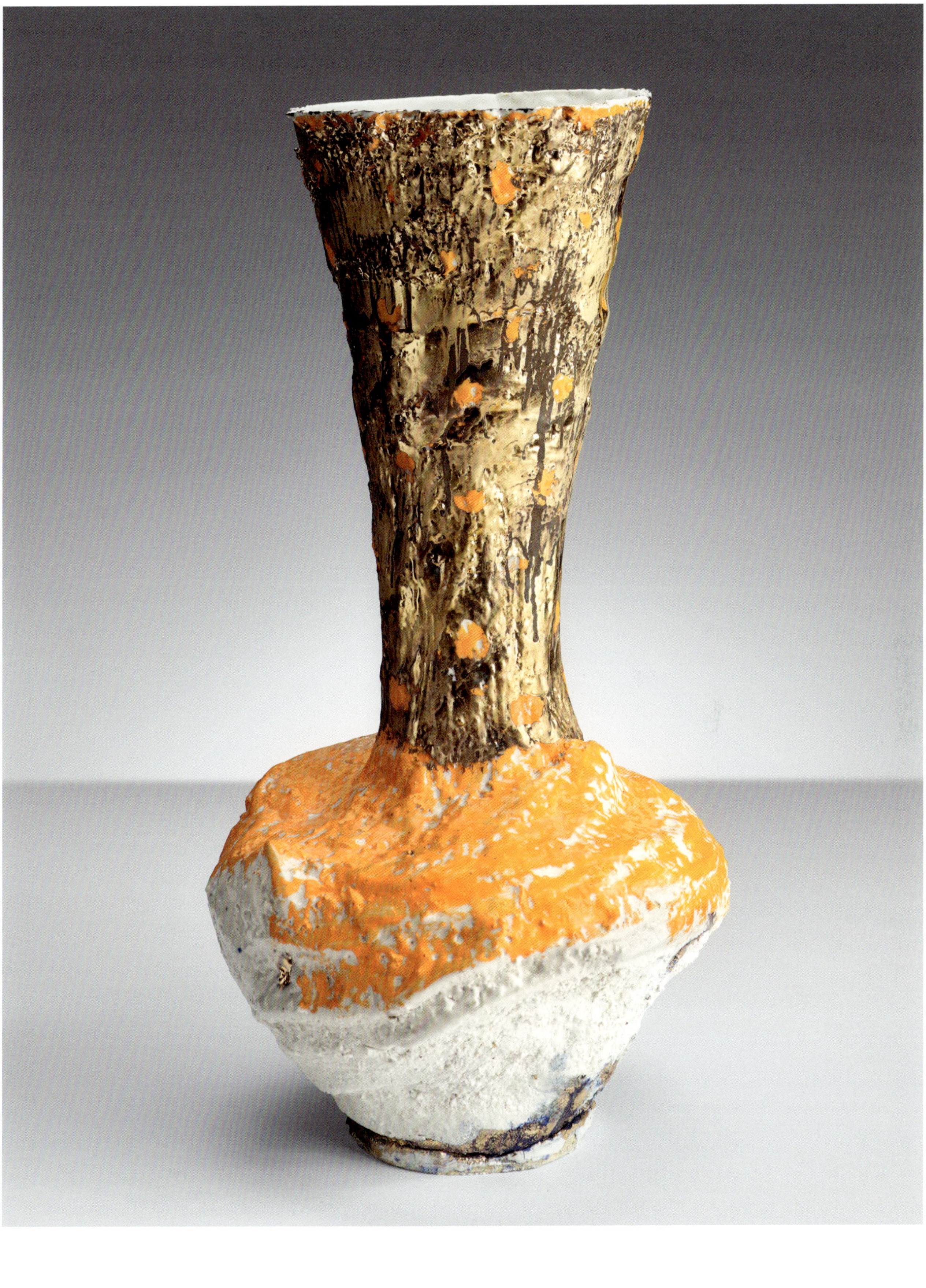

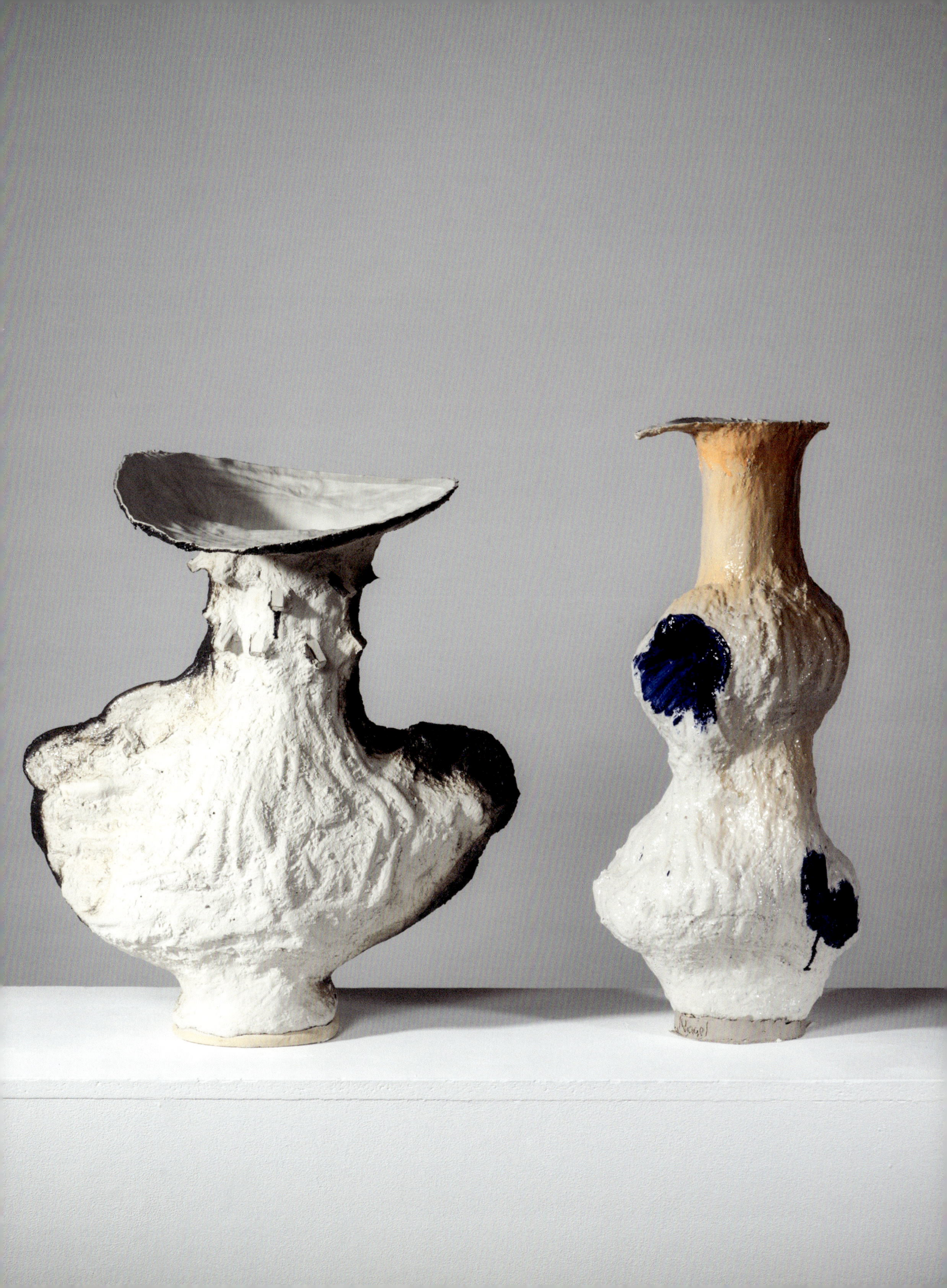

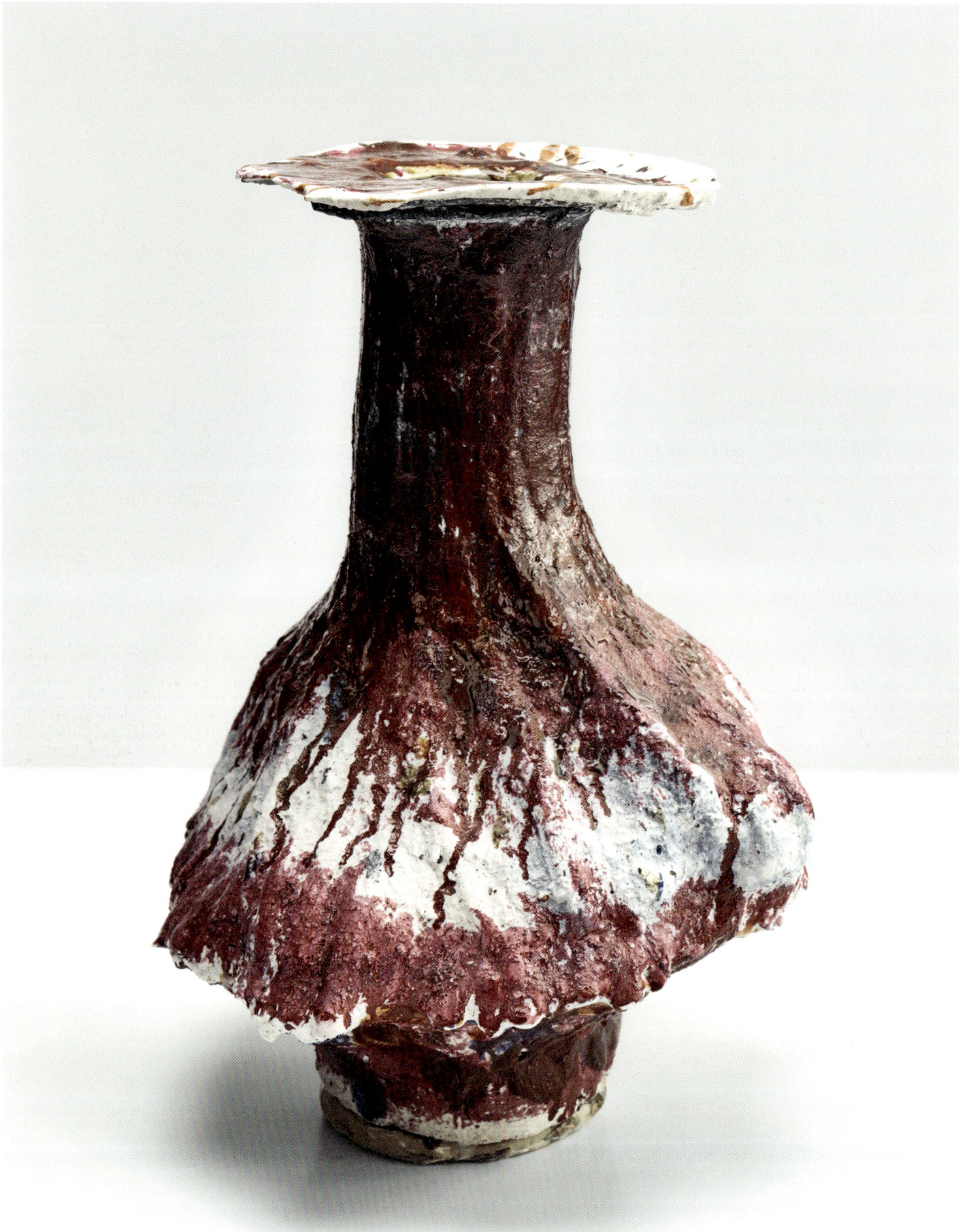

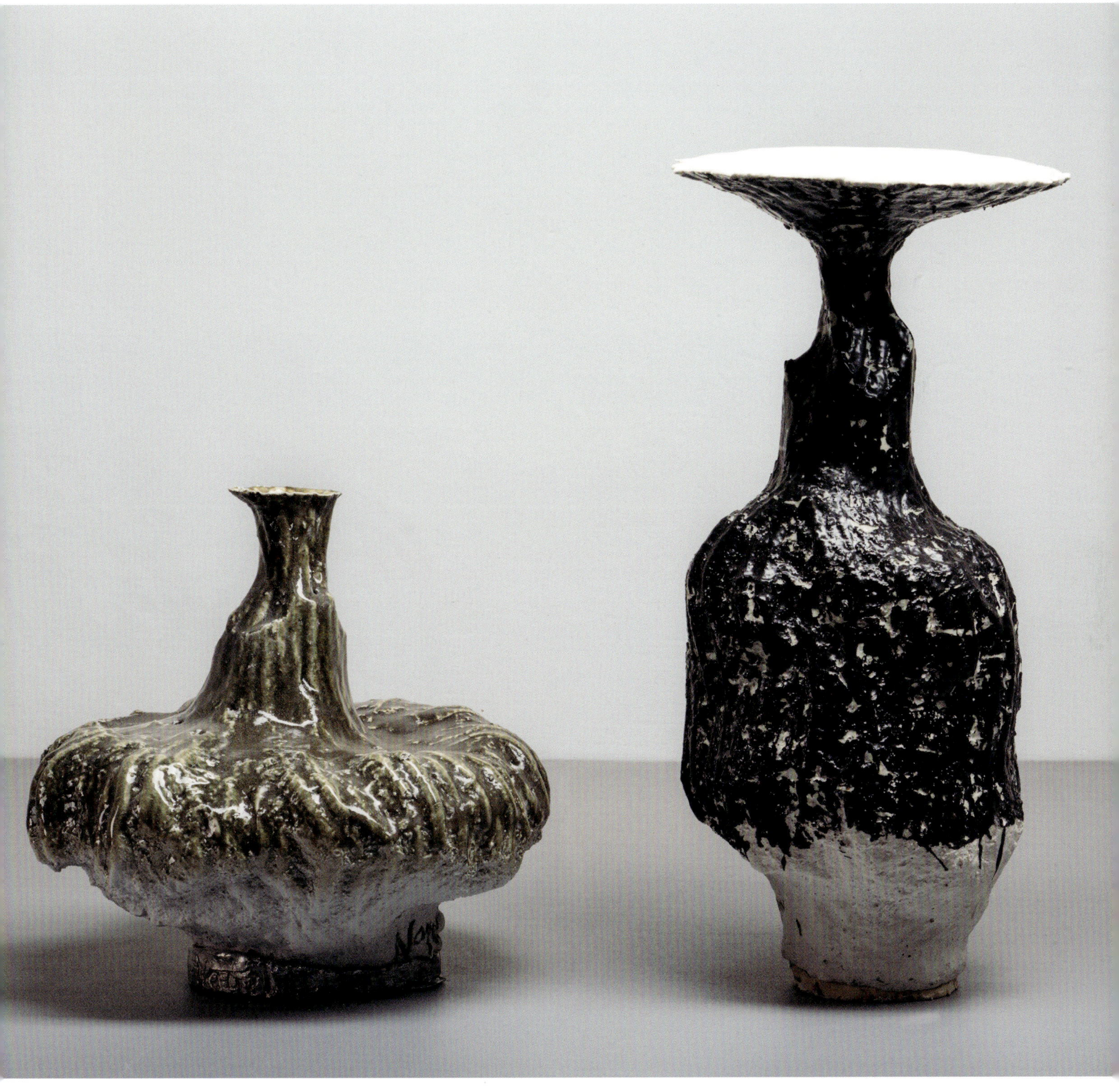

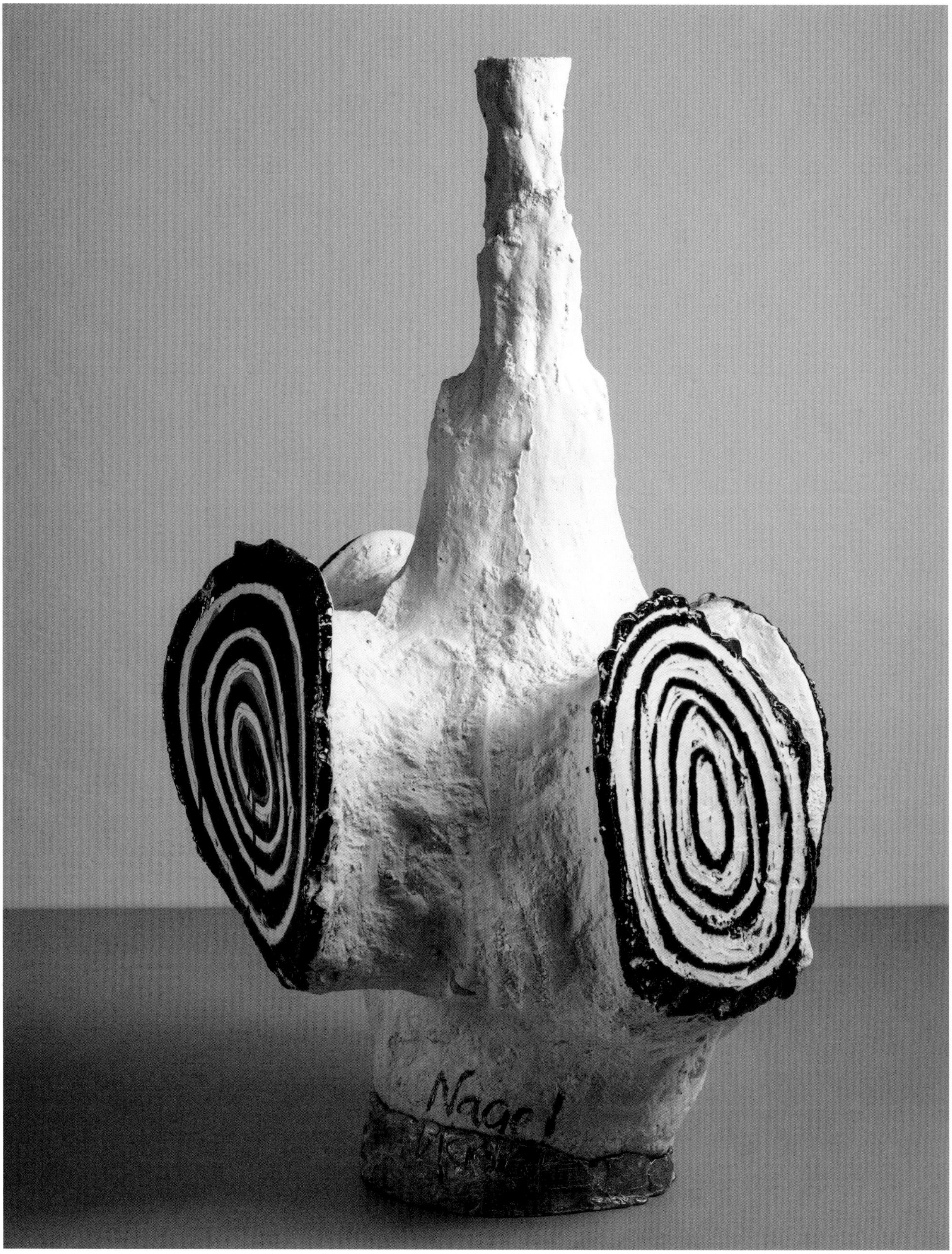
Nagel

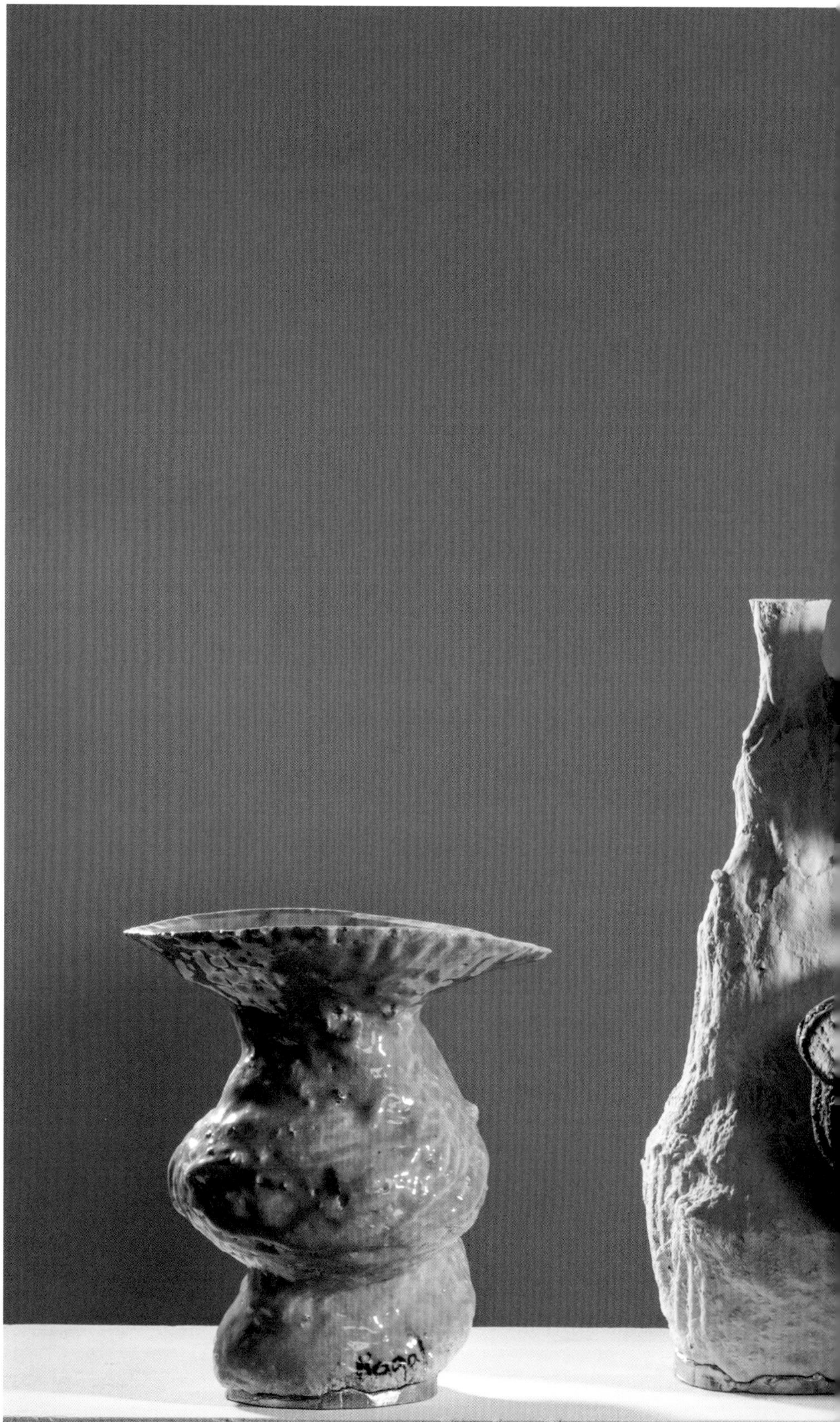

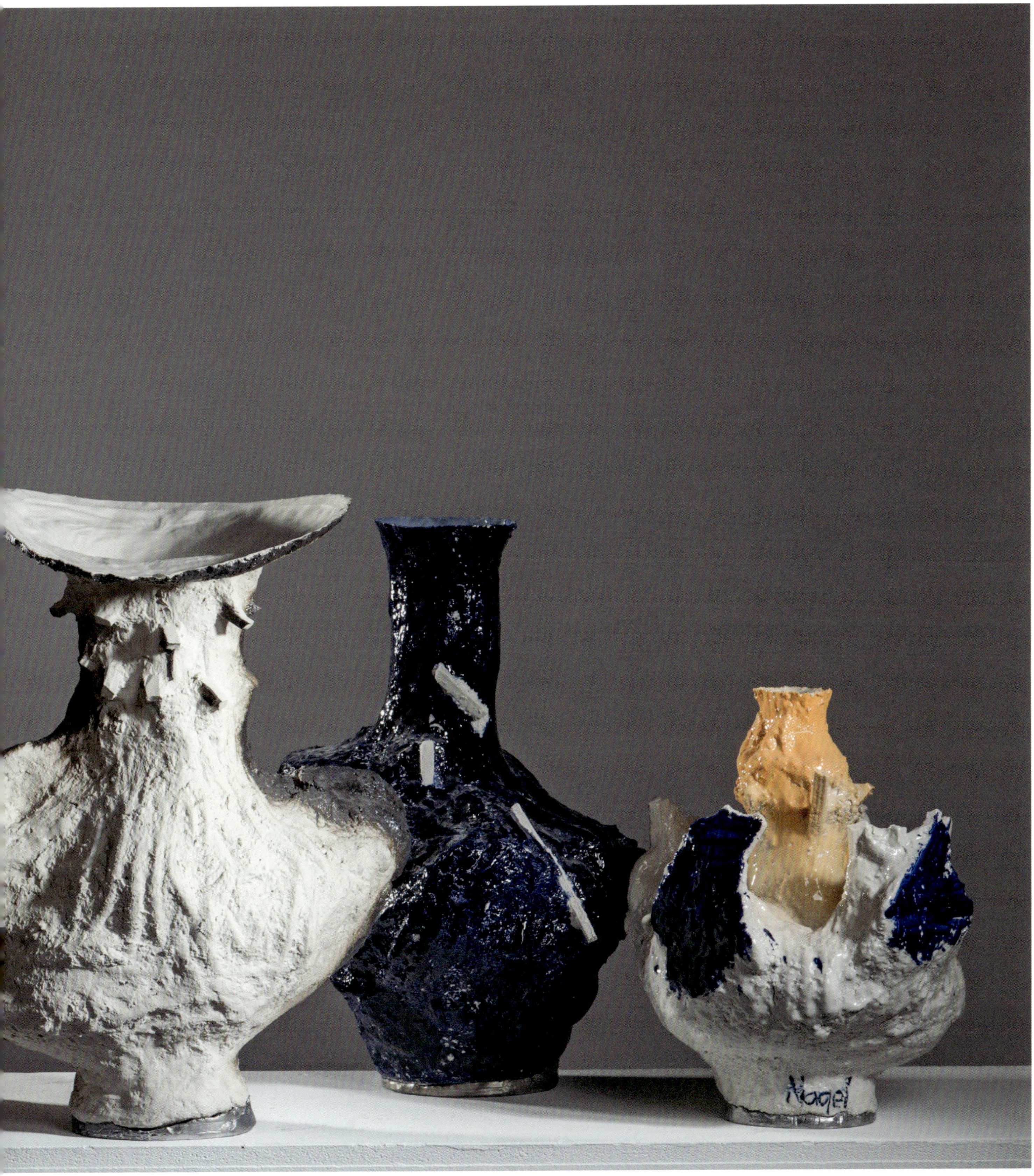
Nagel

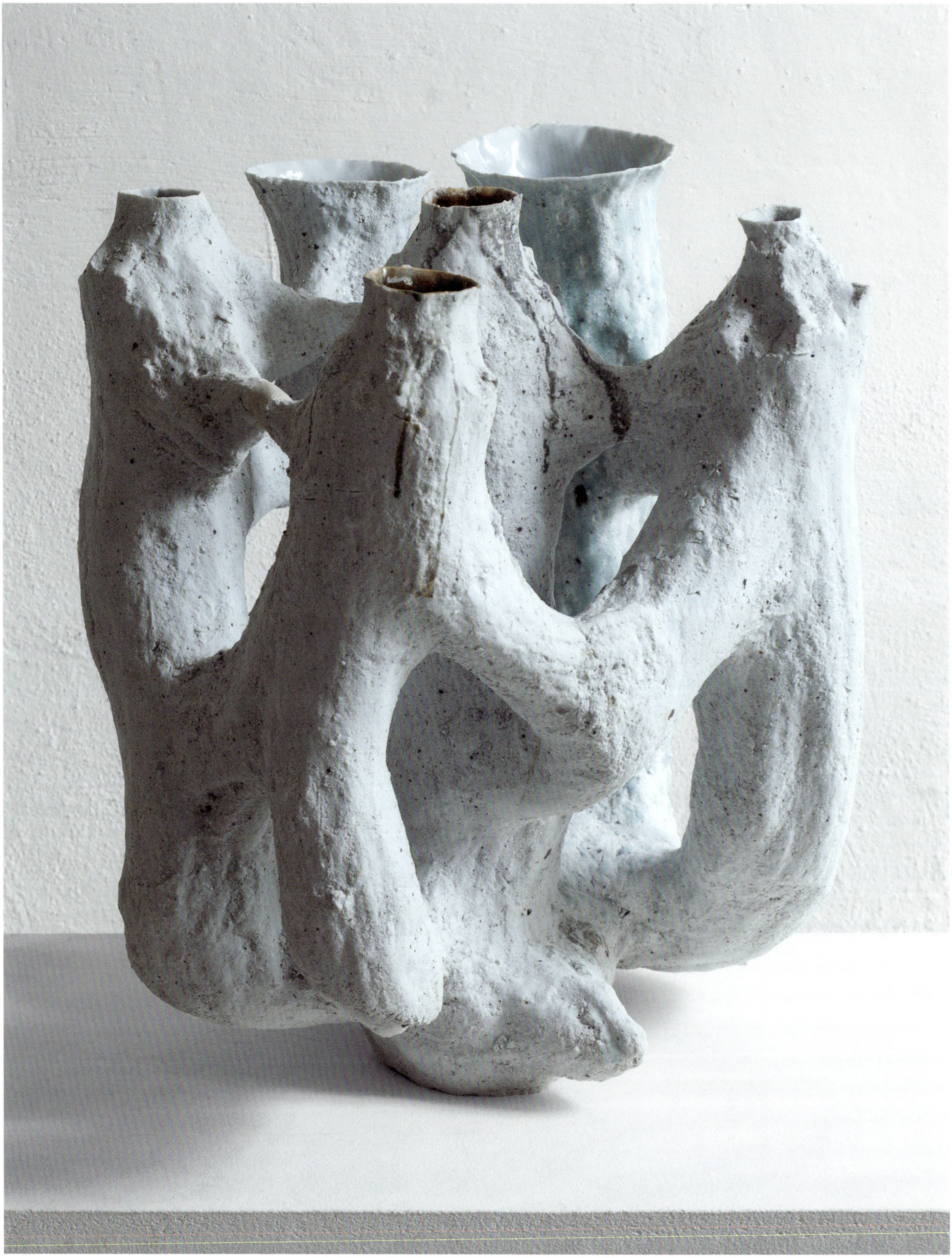

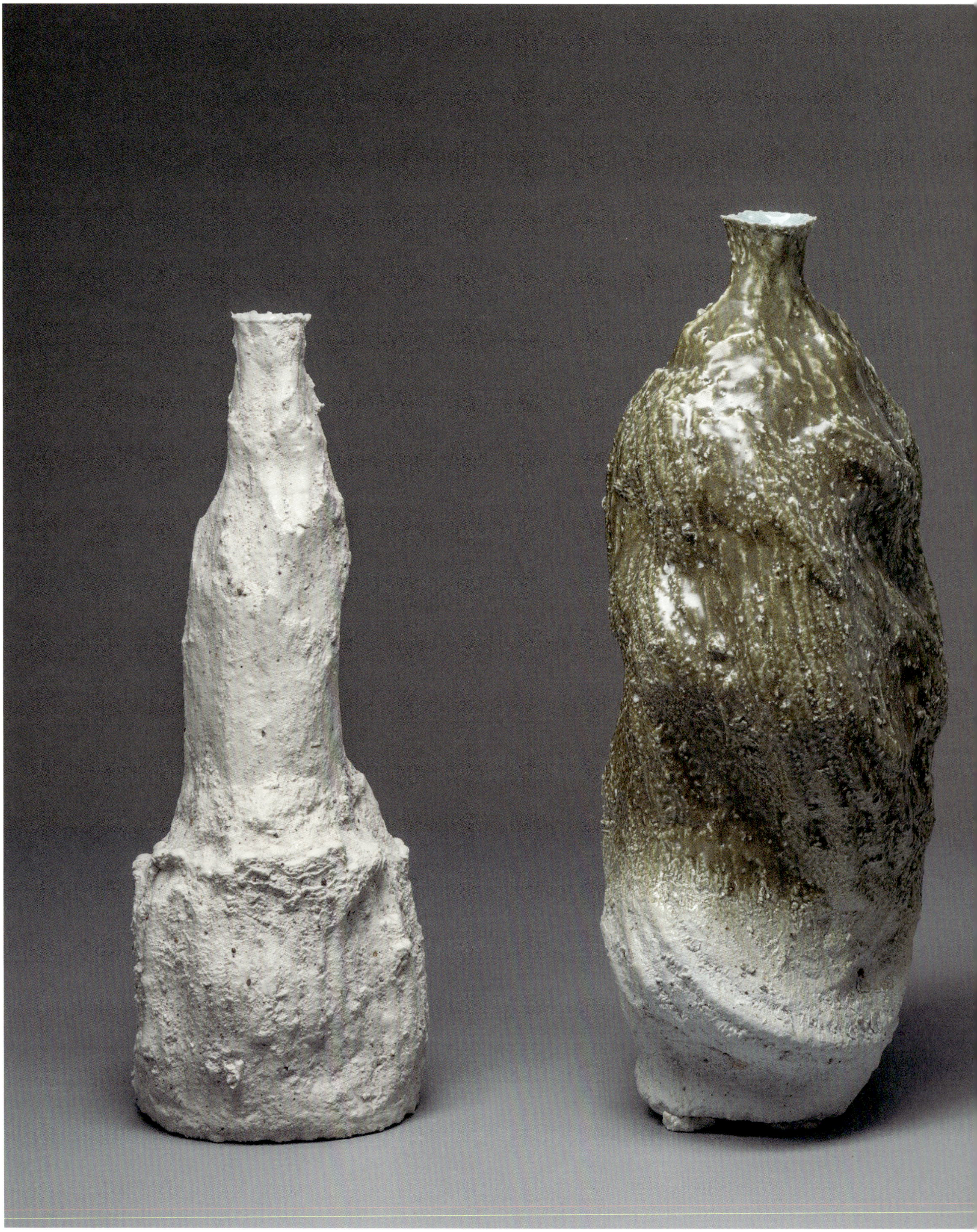

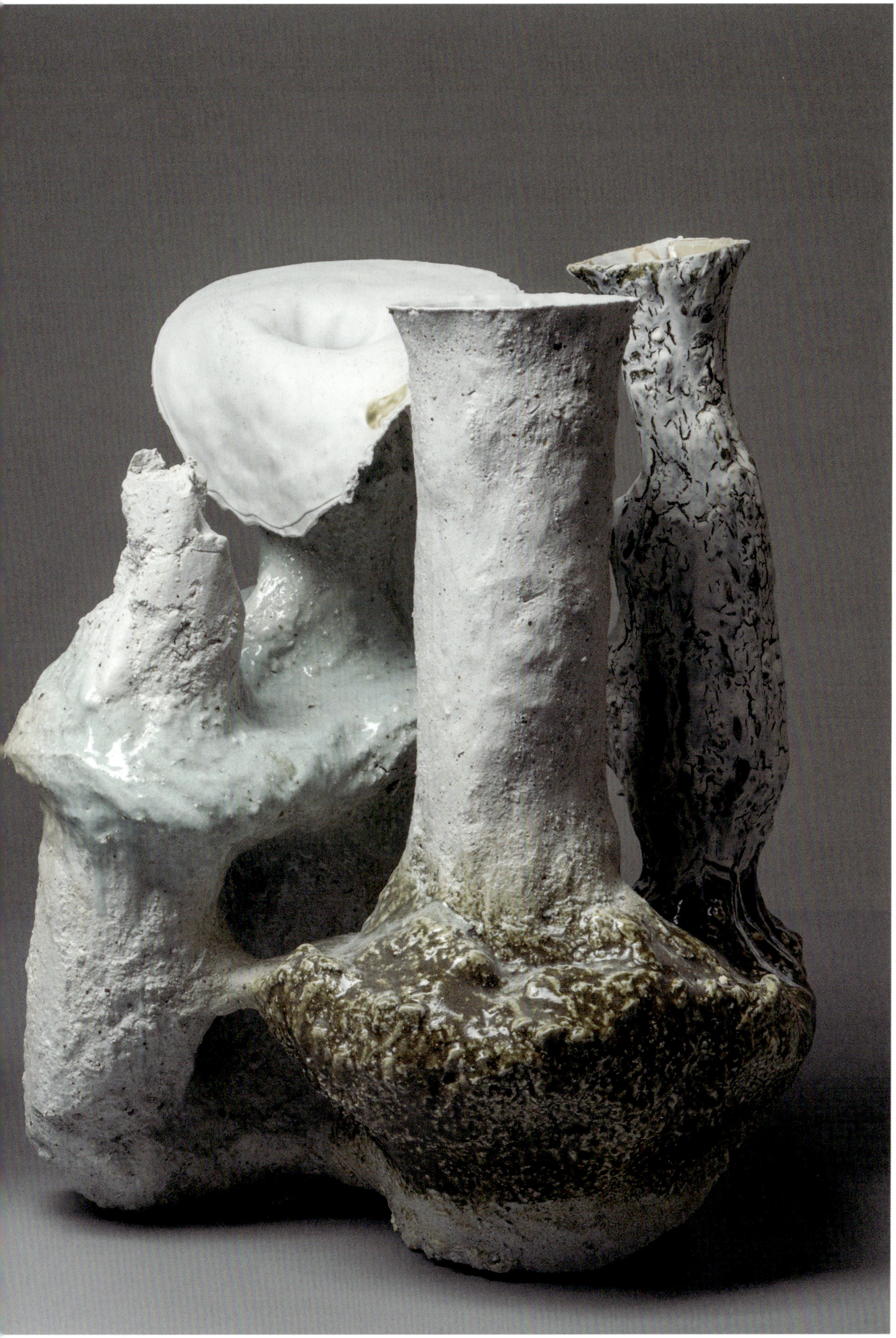

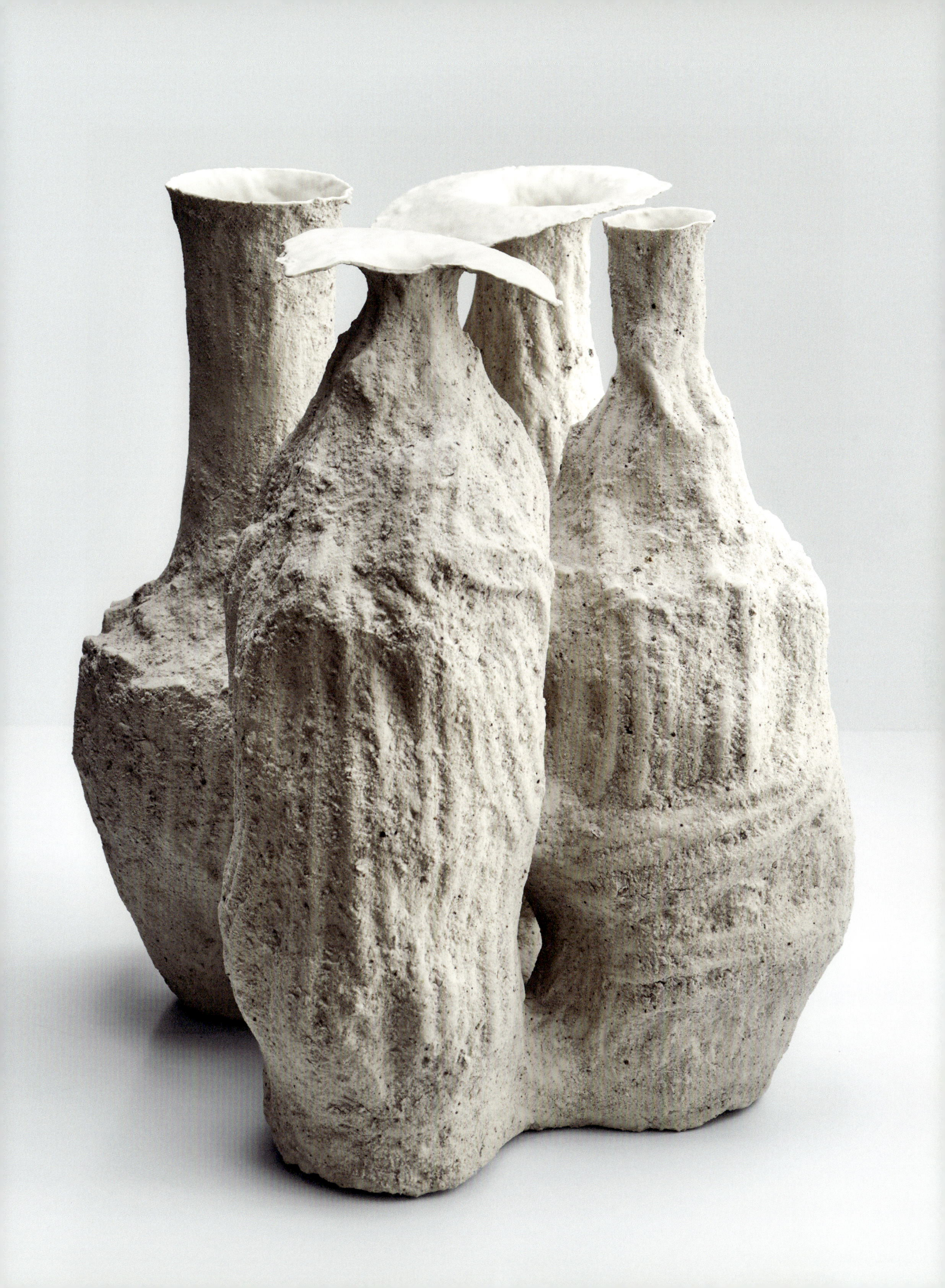

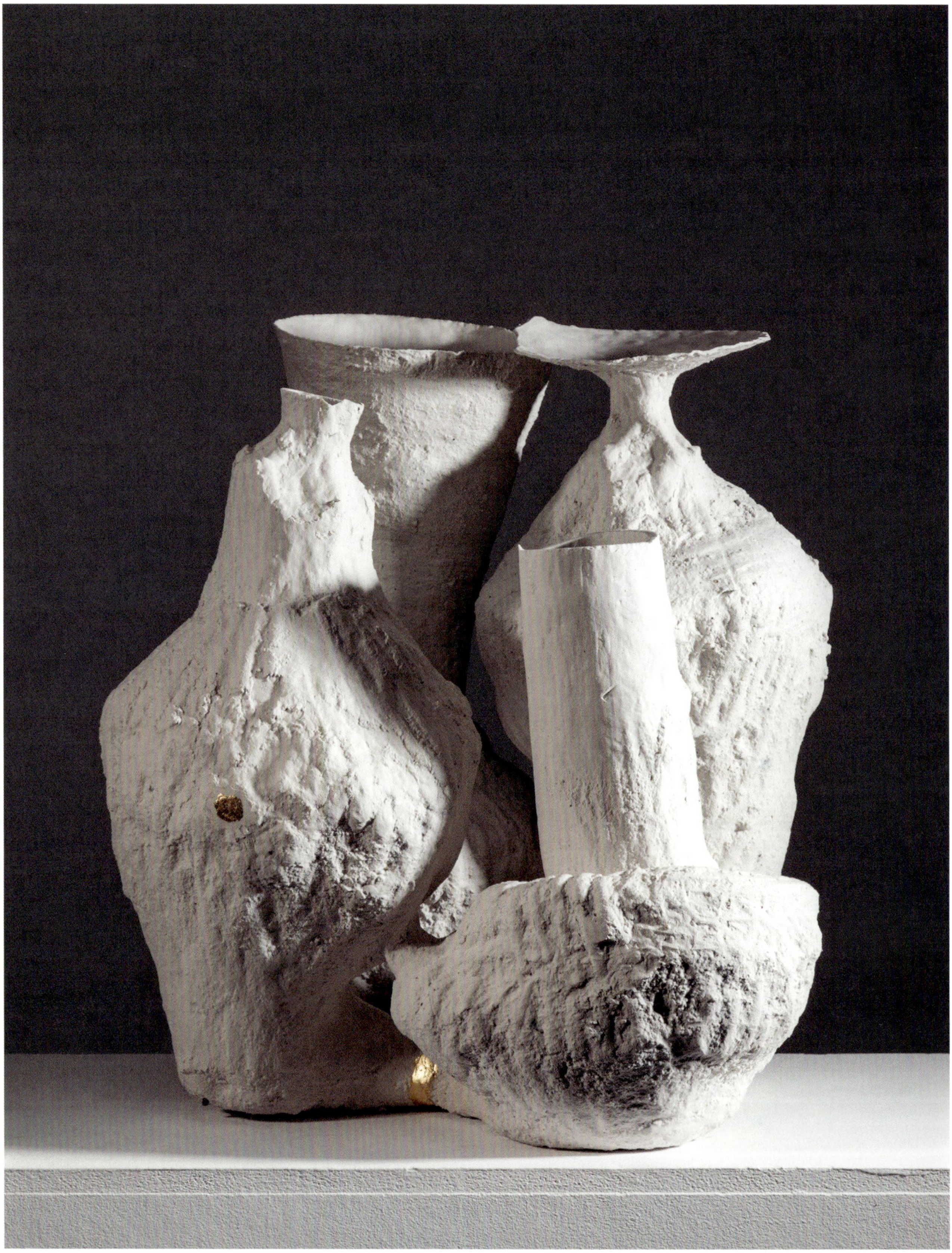

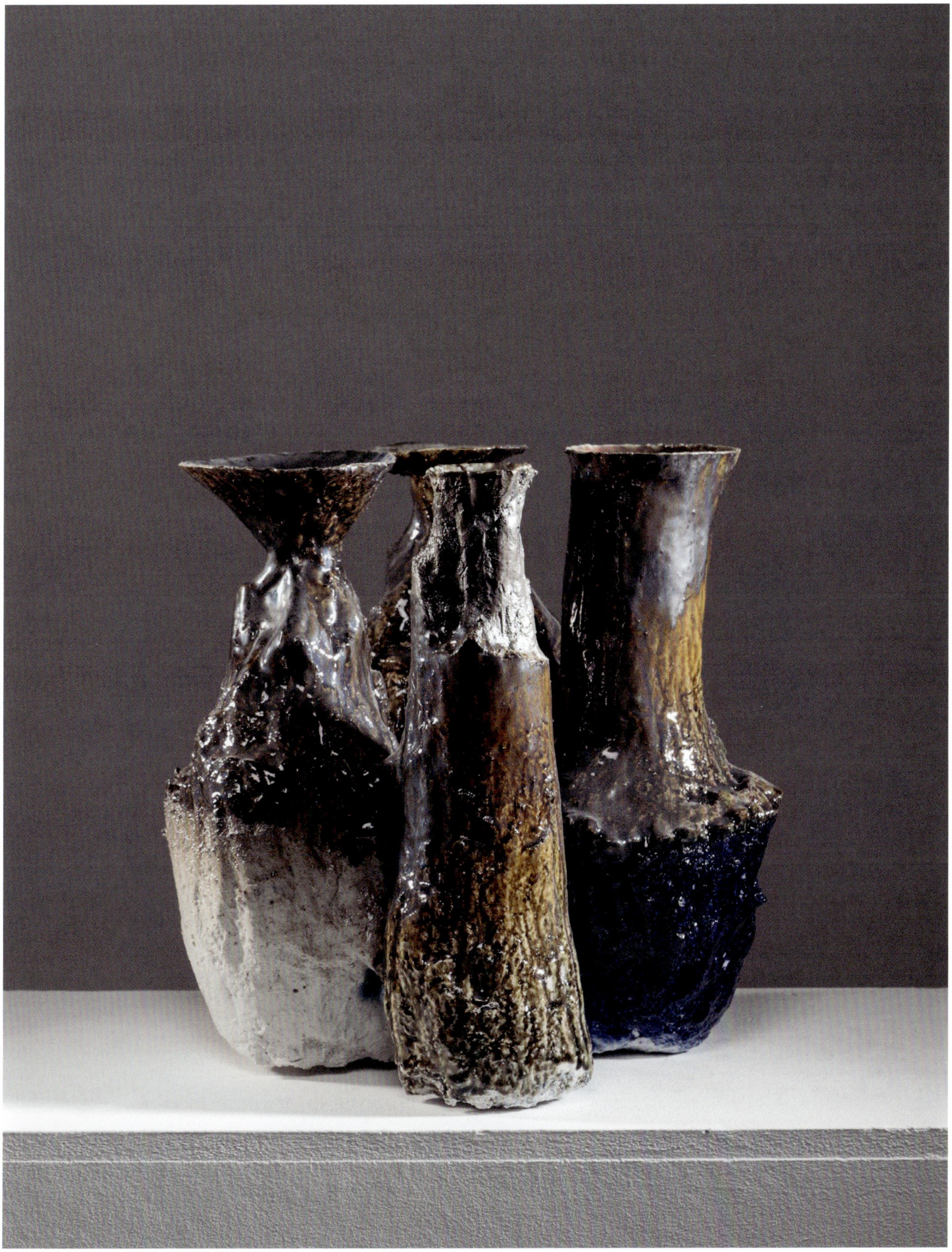

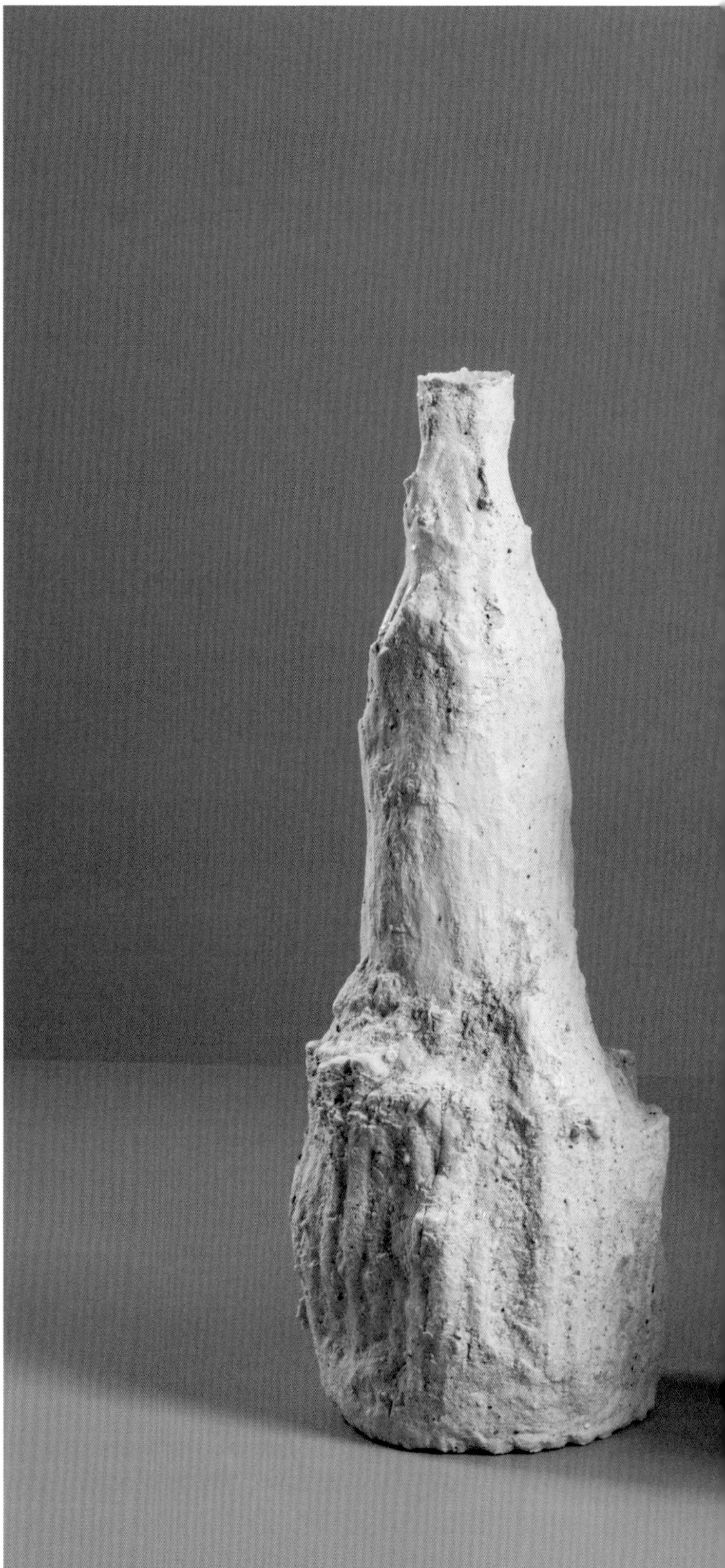

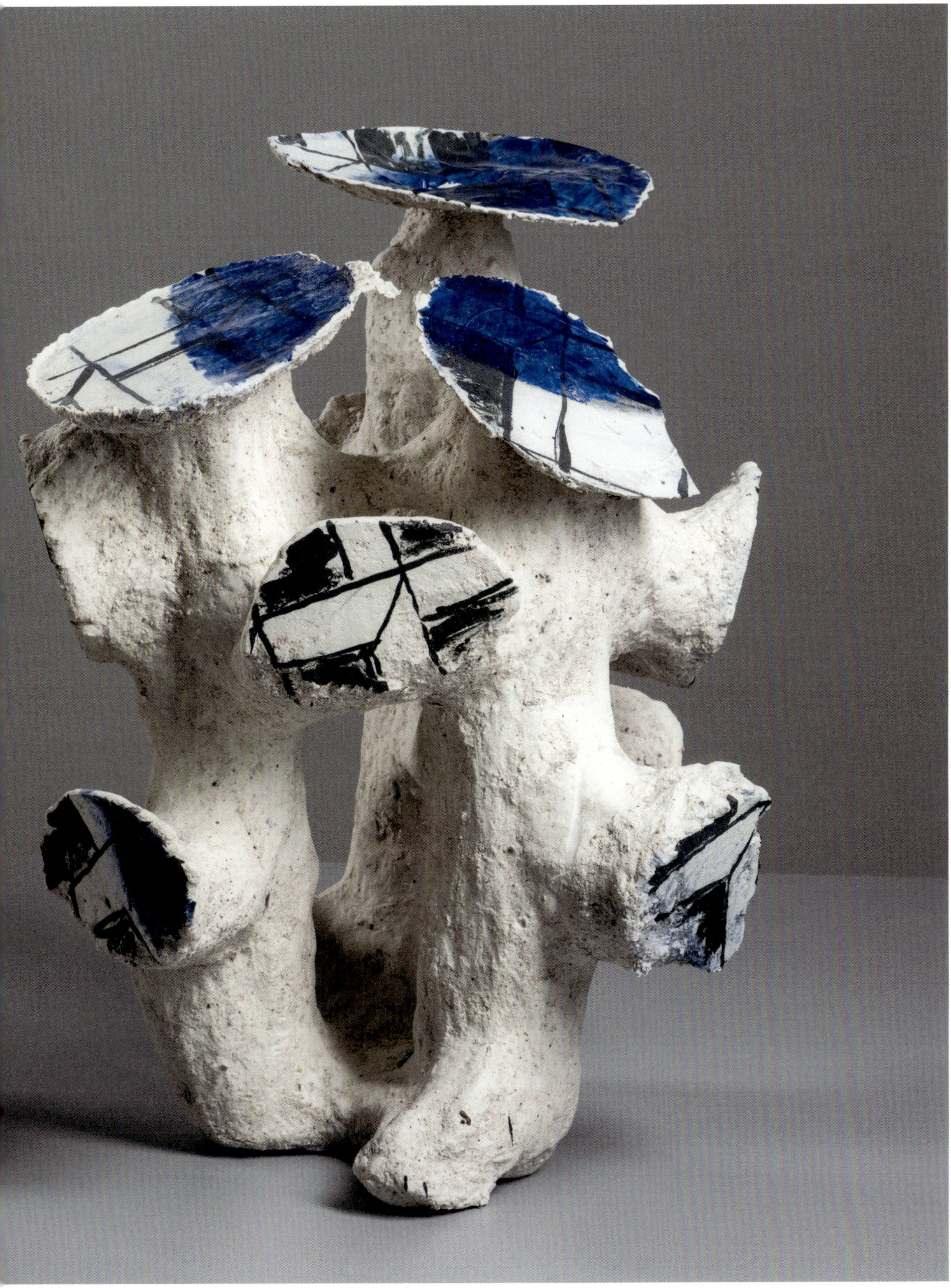

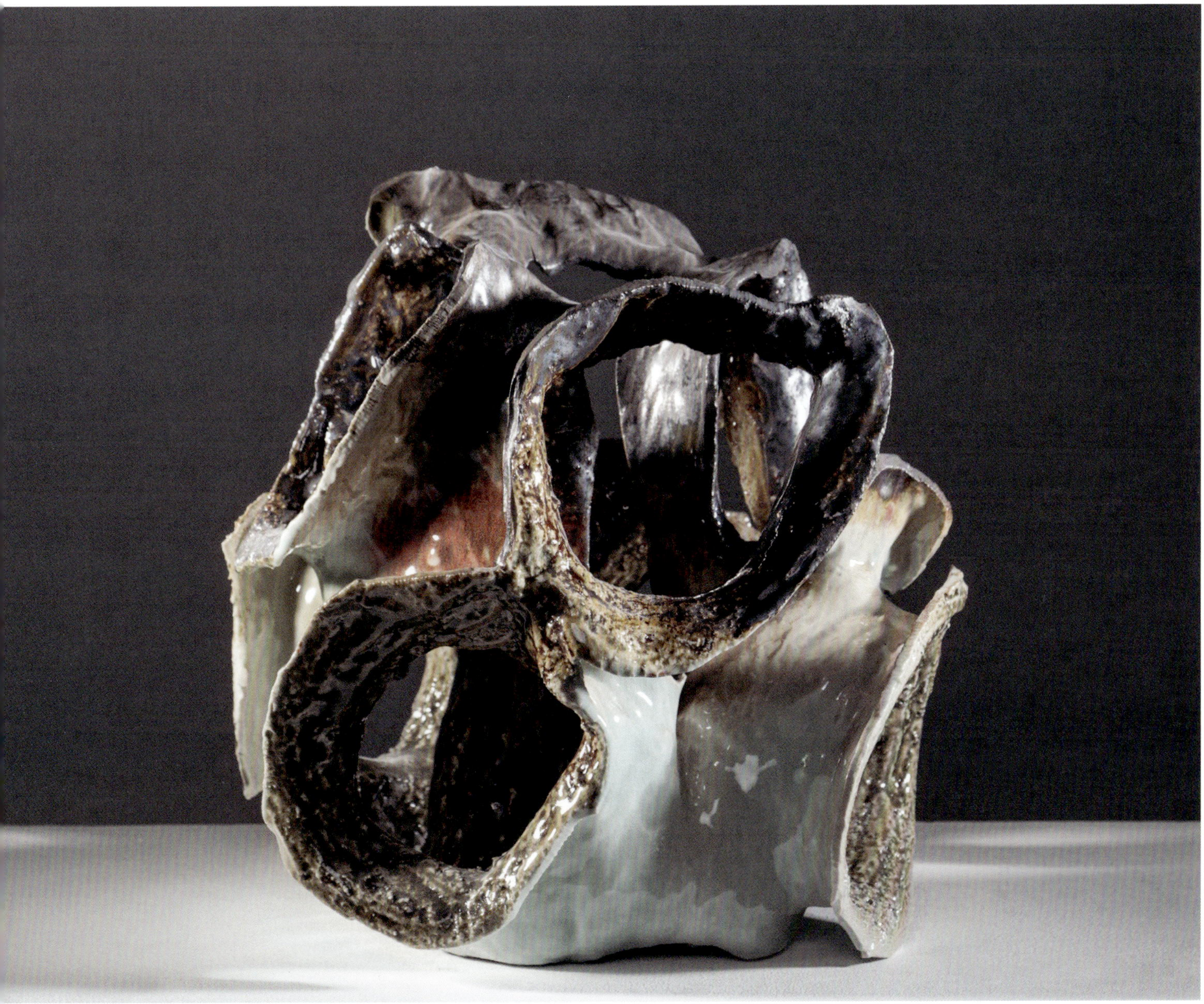

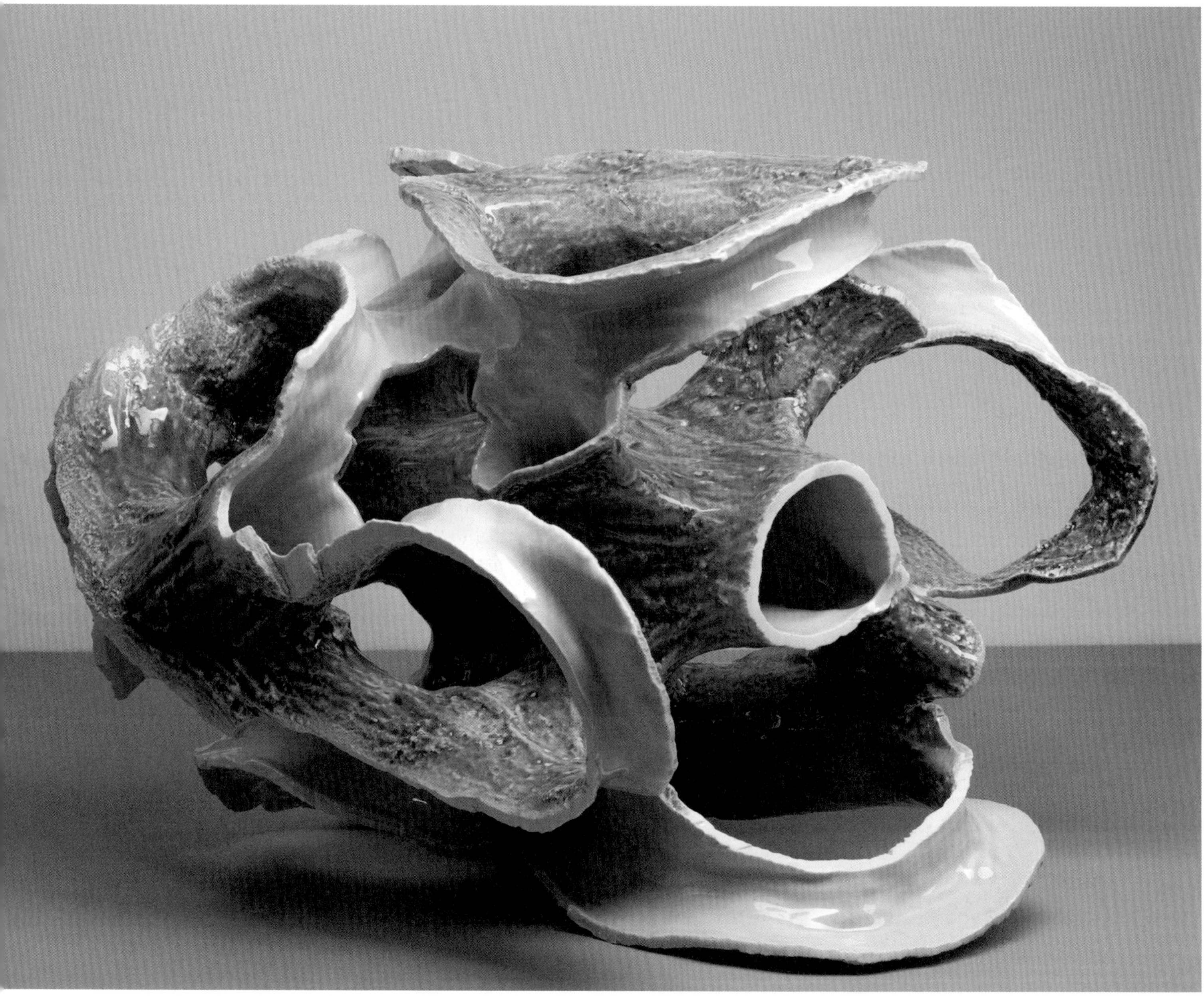

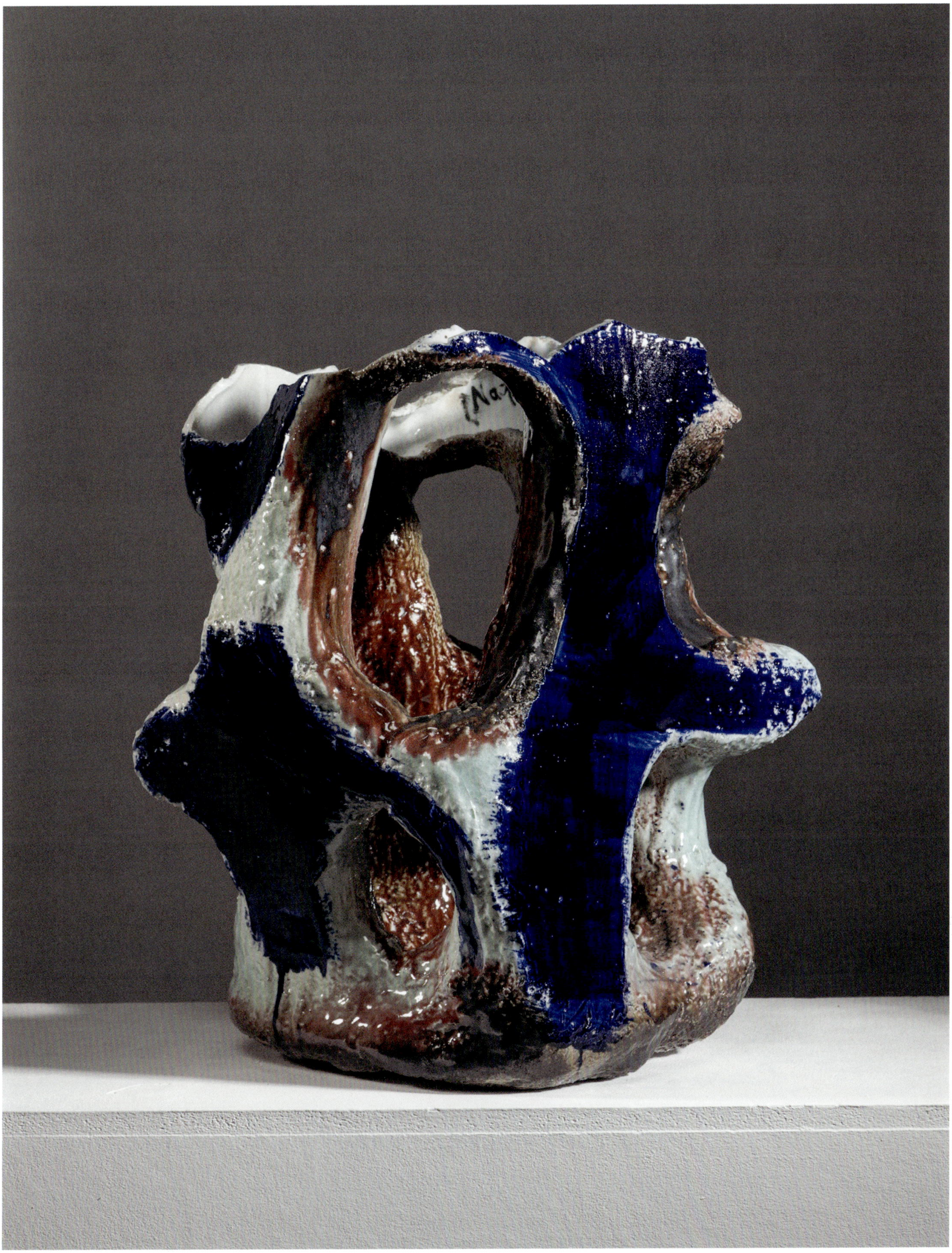

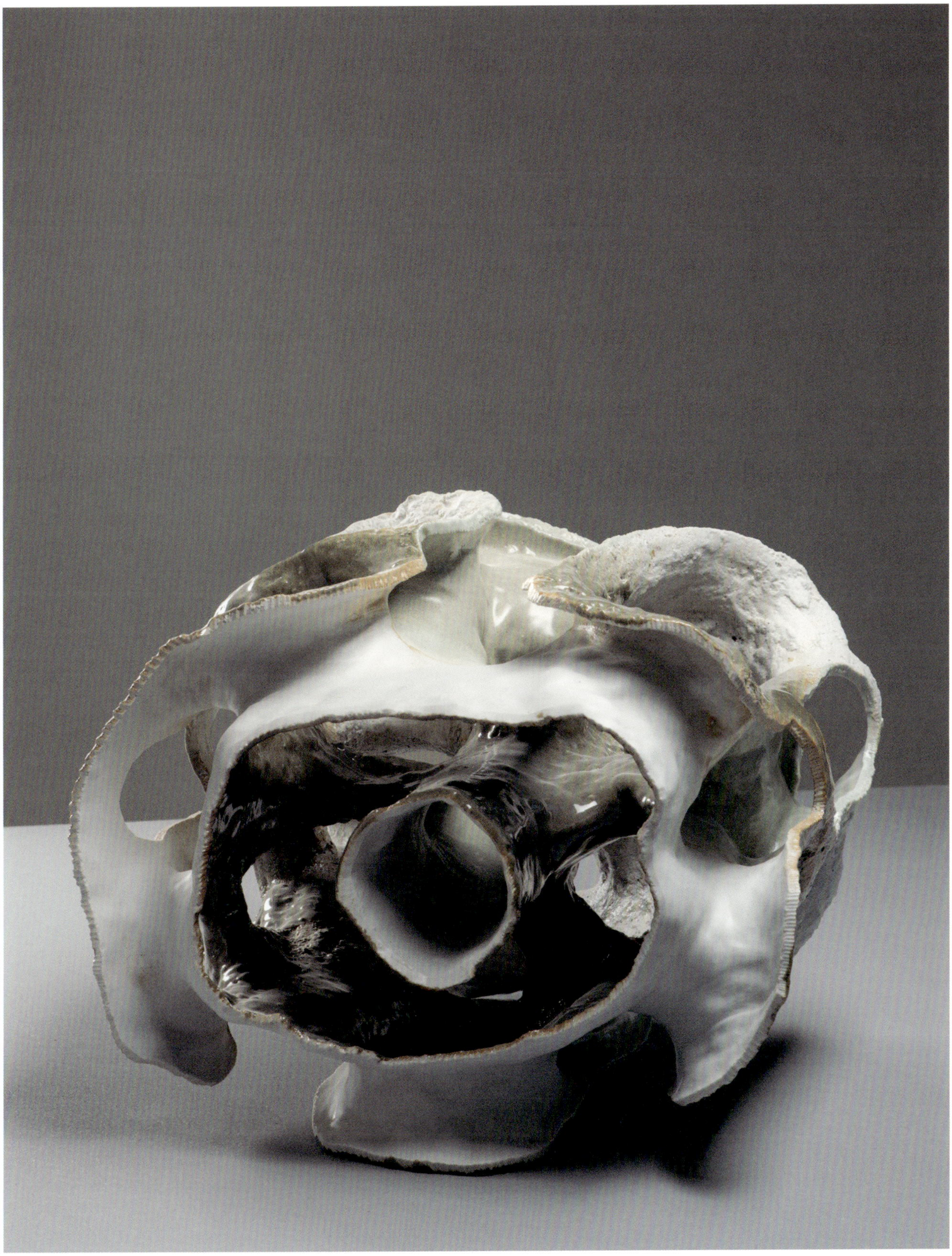

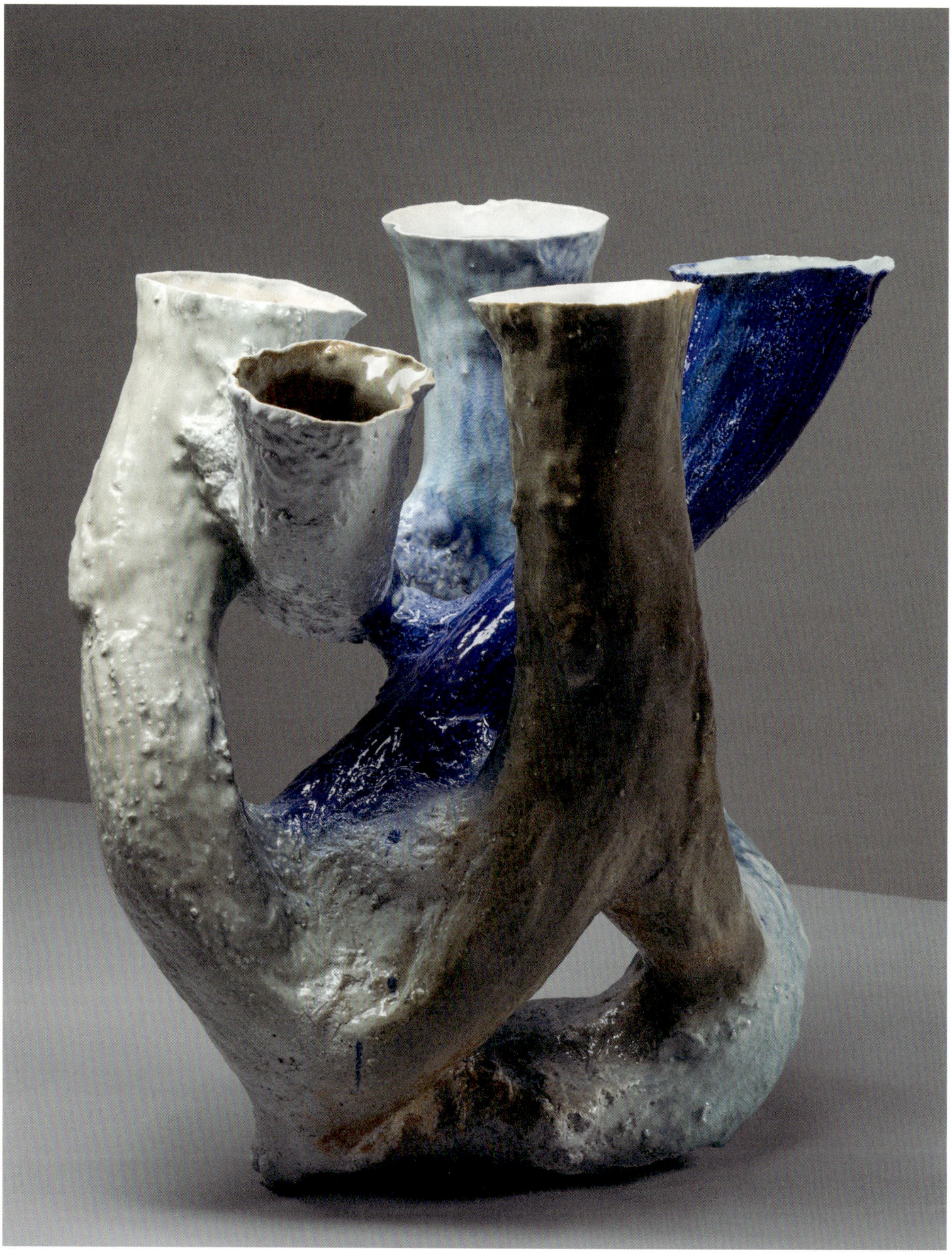

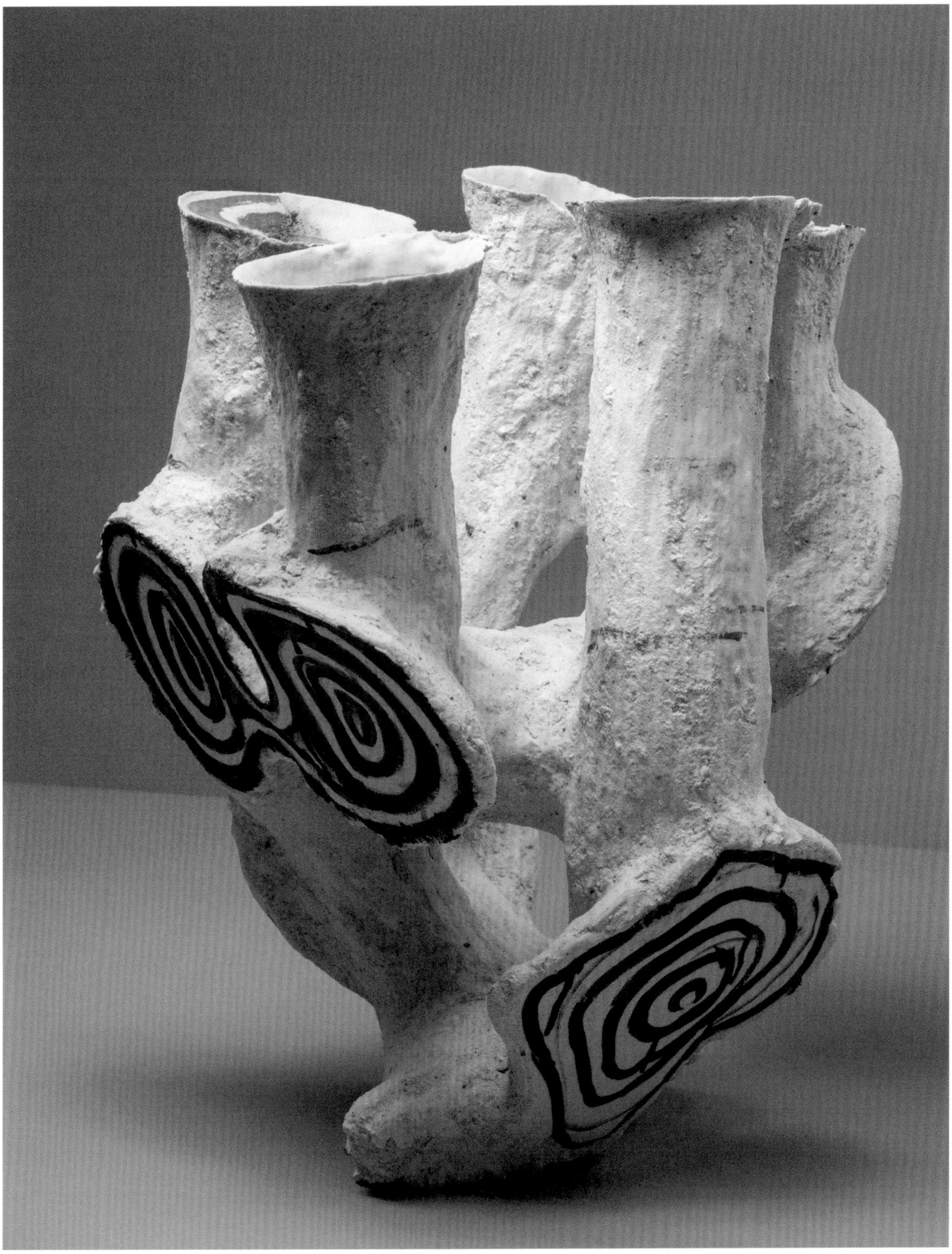

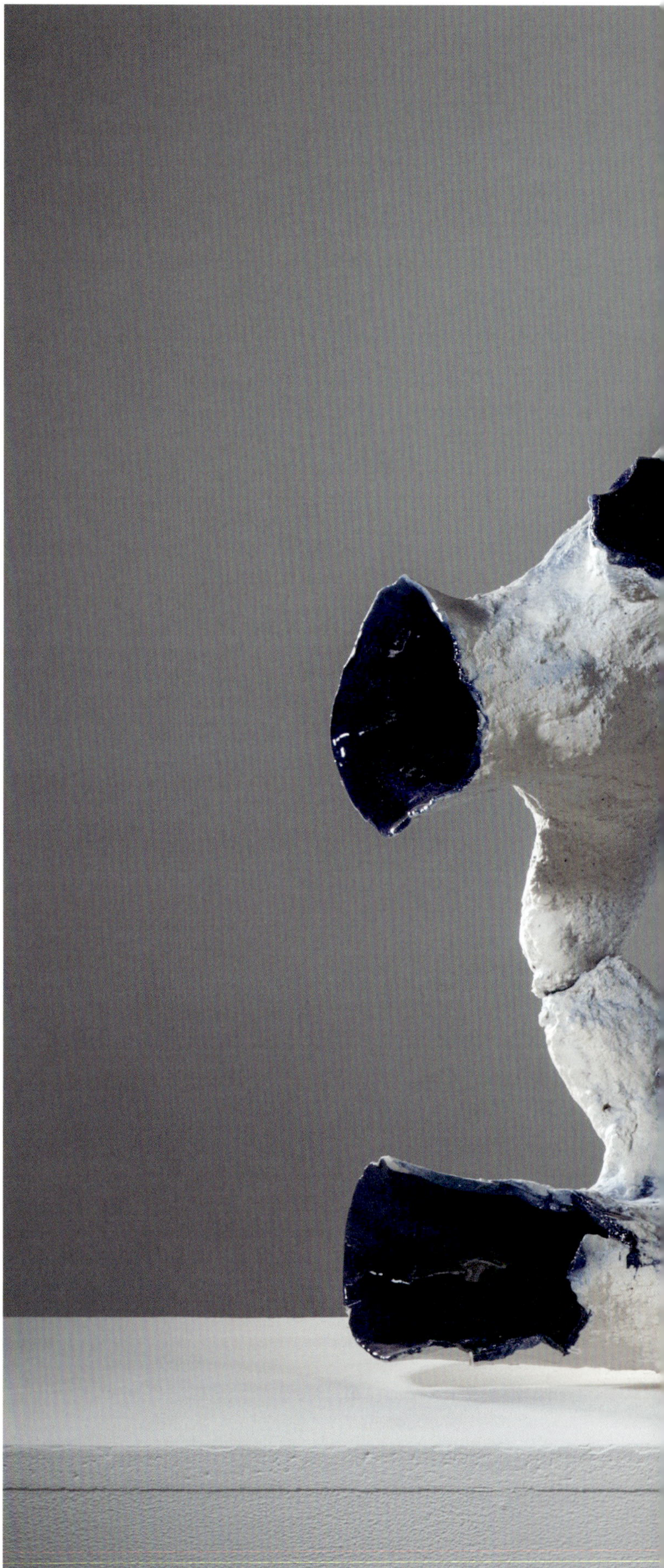

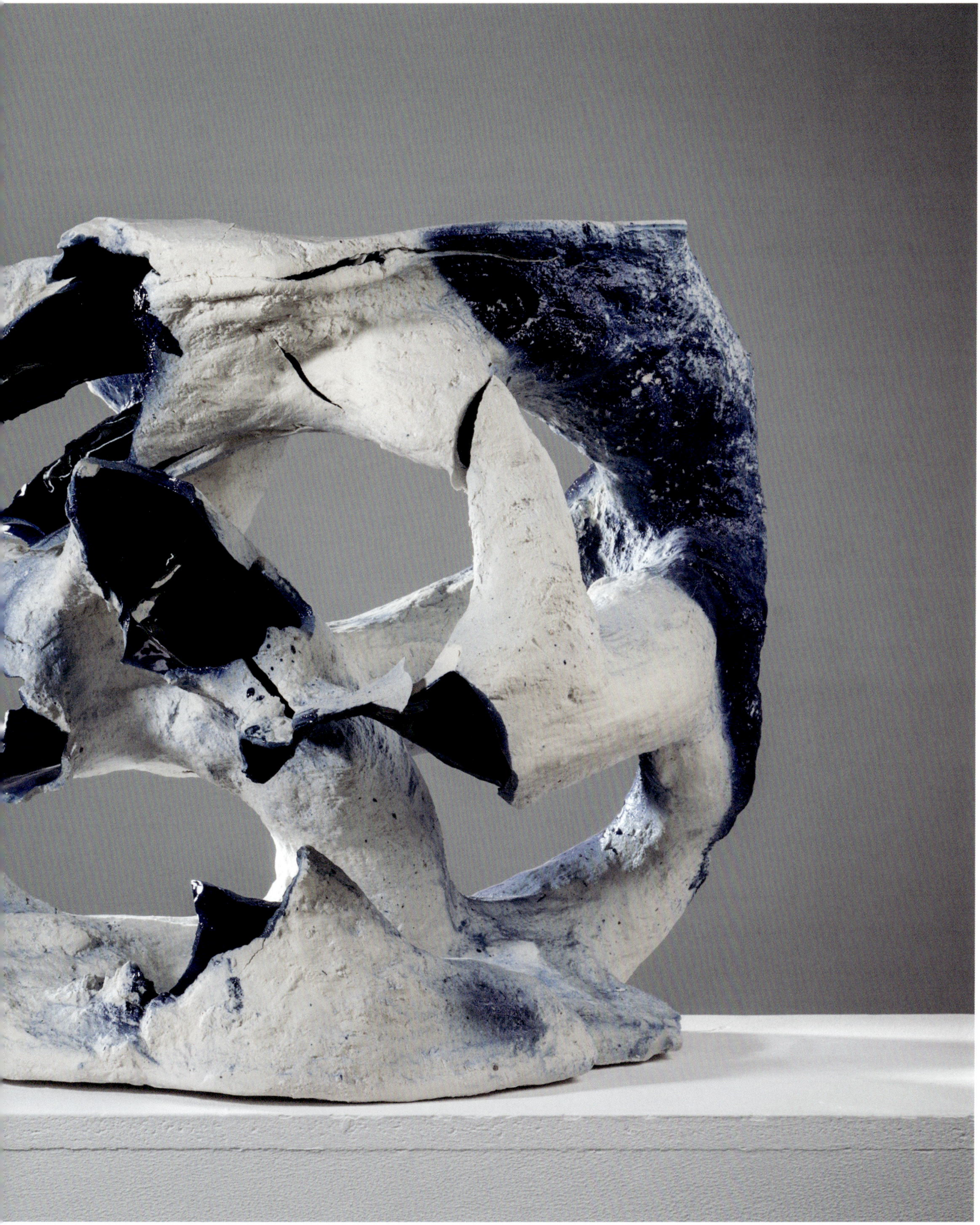

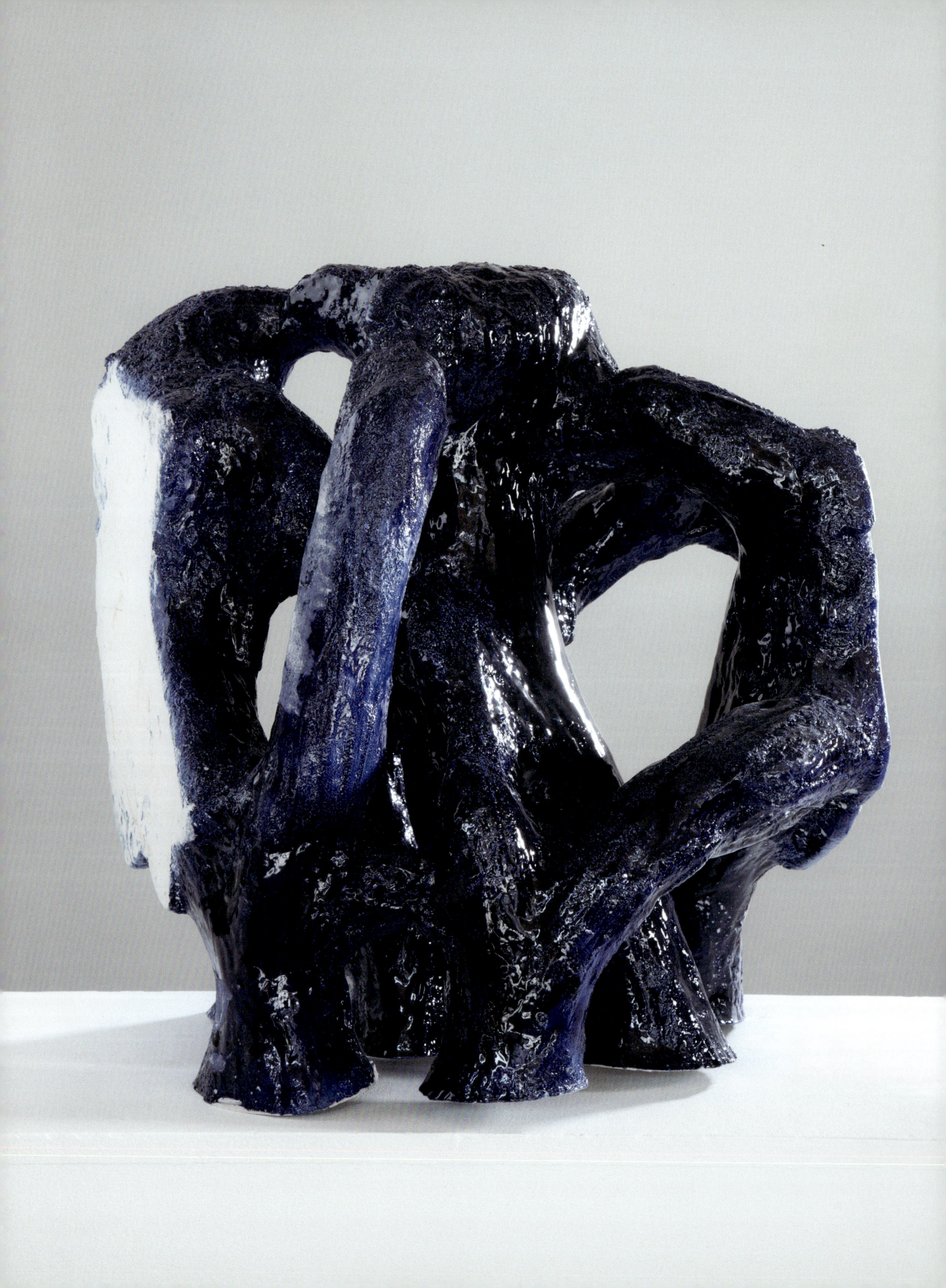

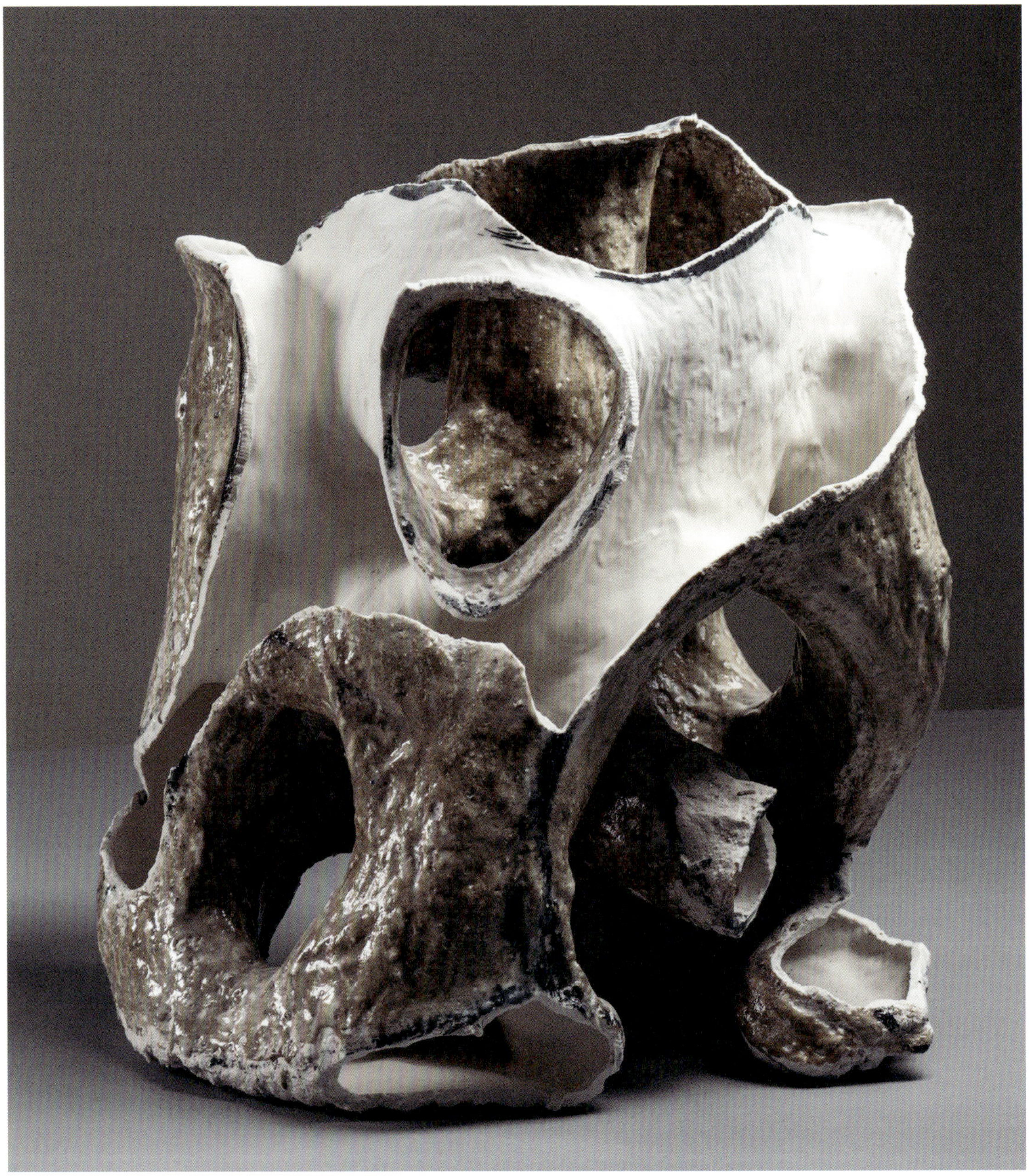

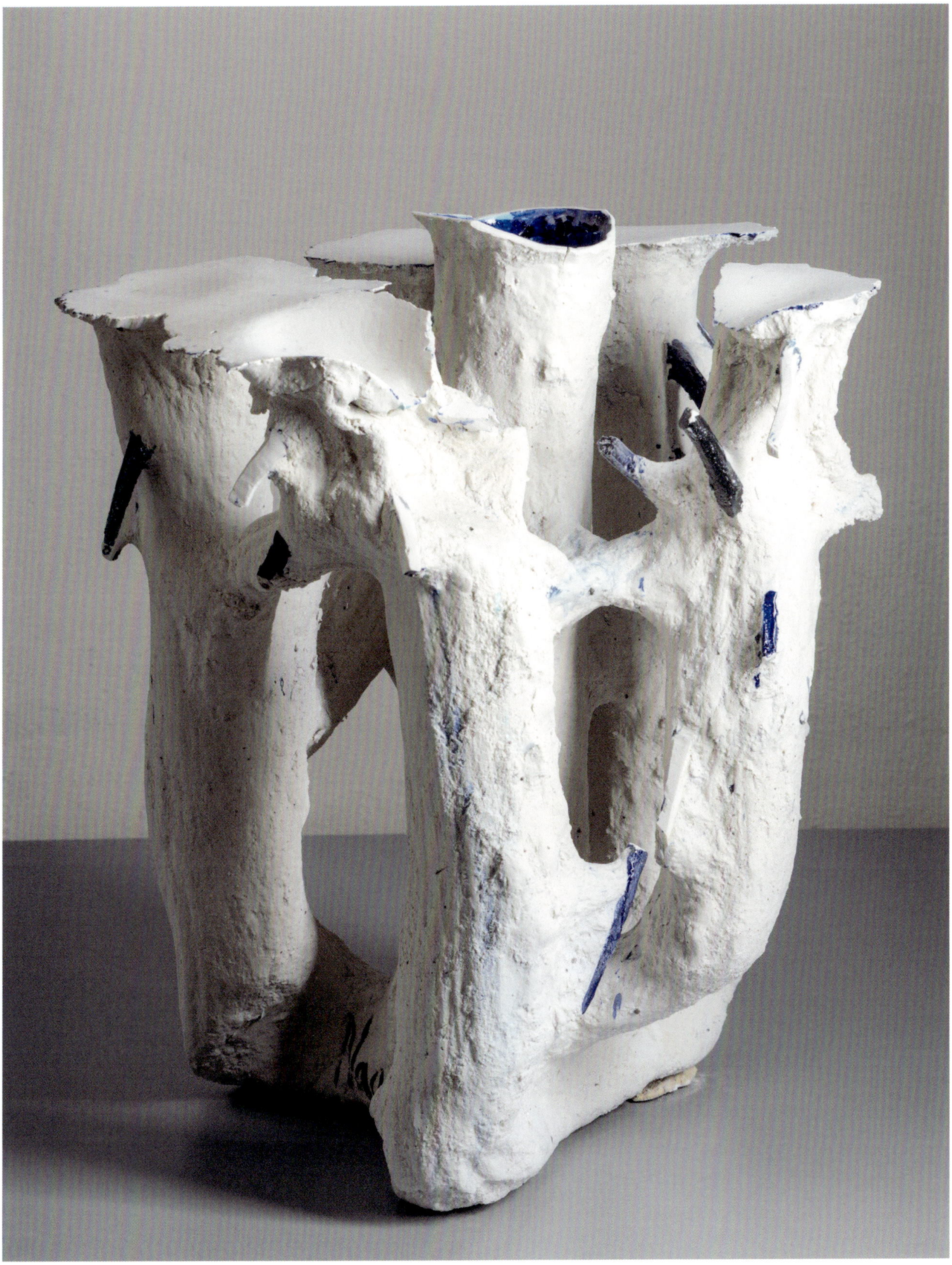

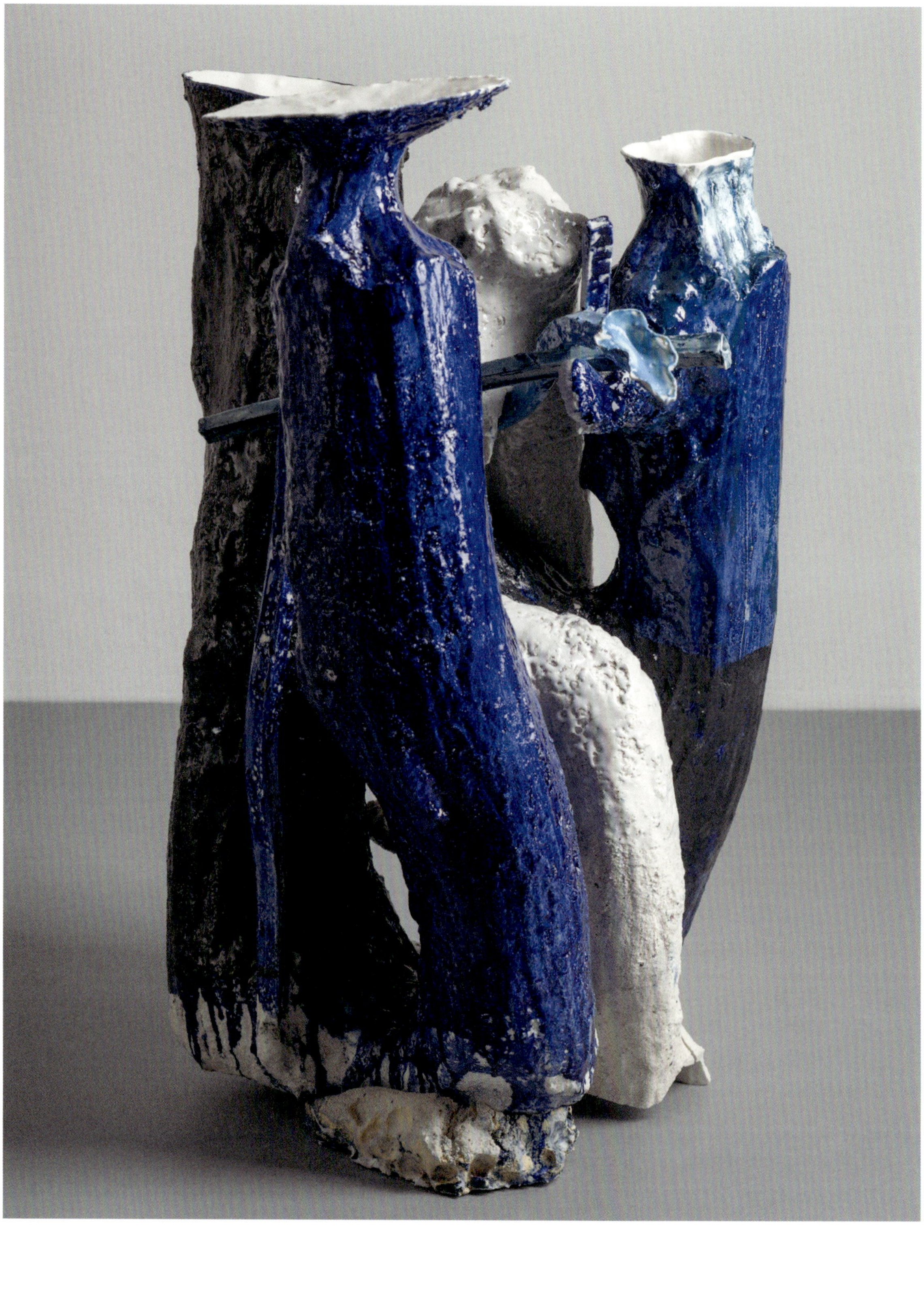

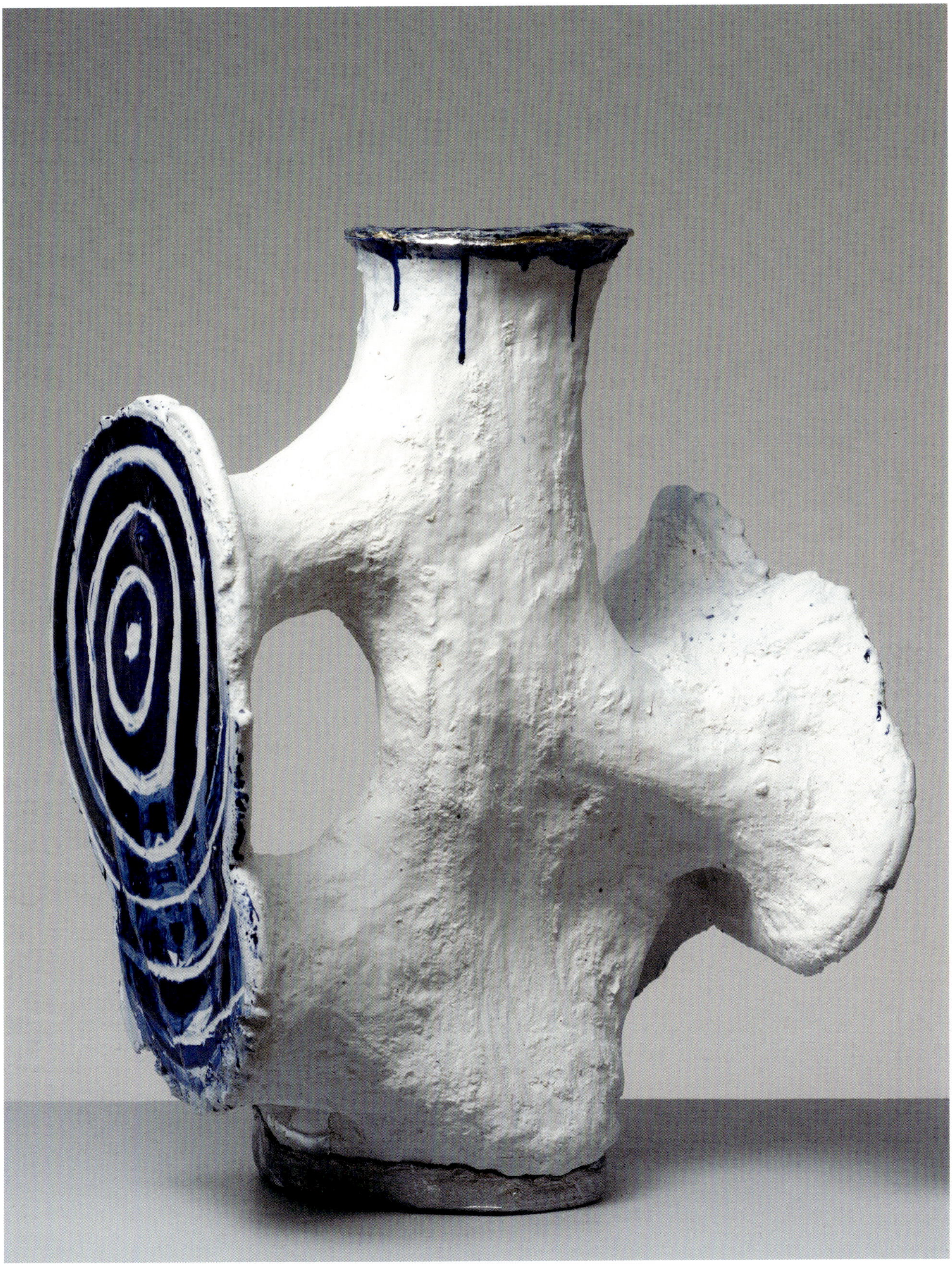

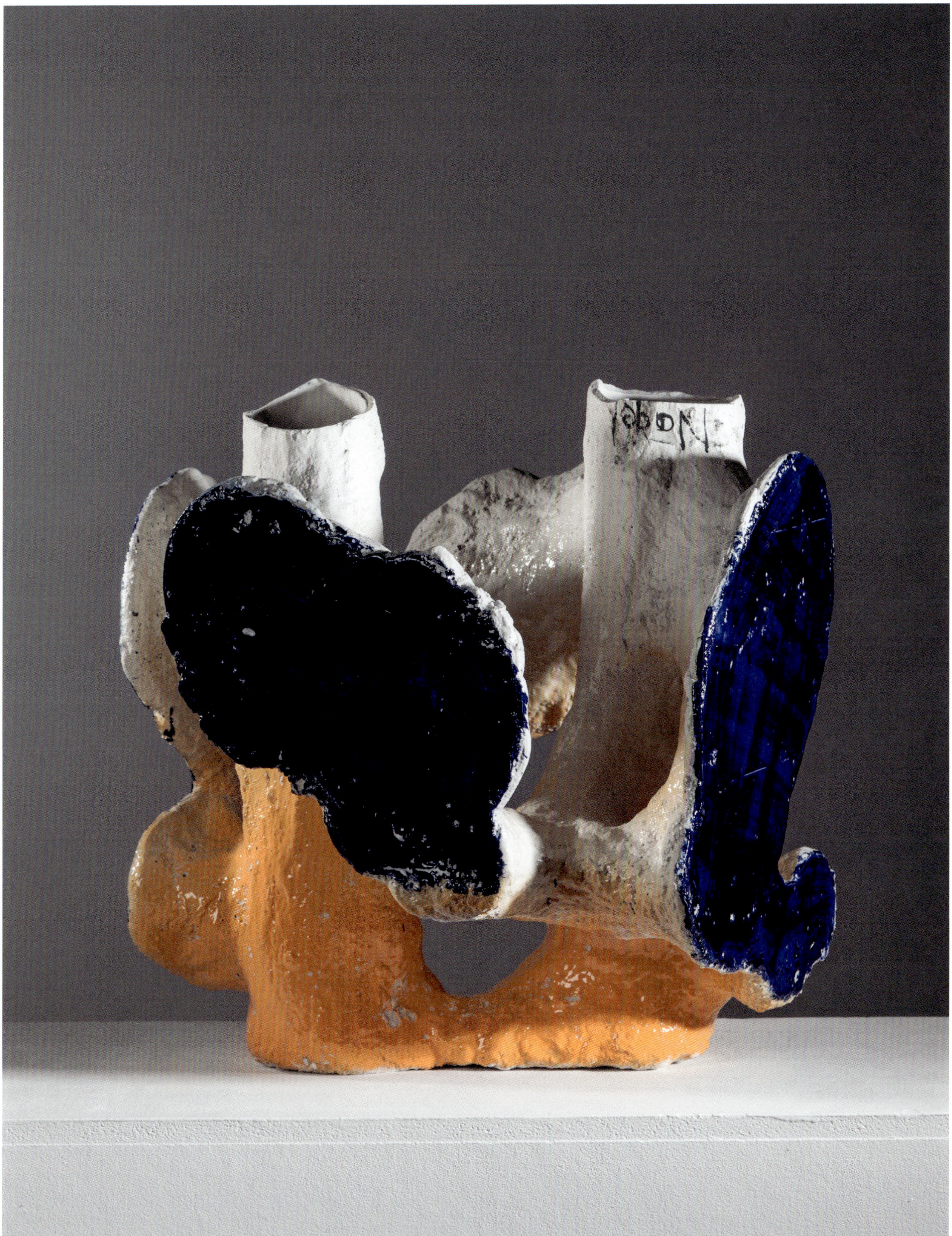

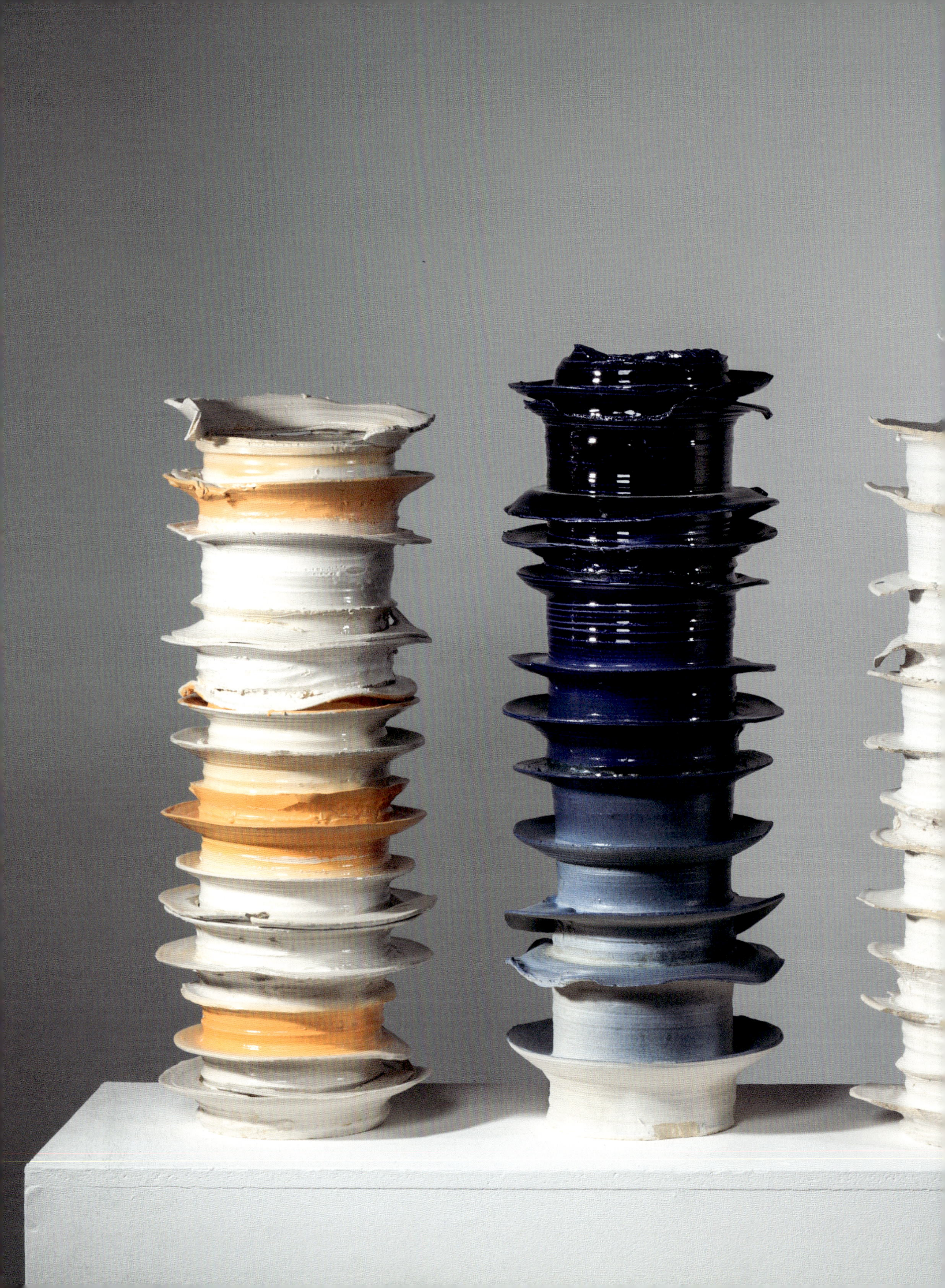

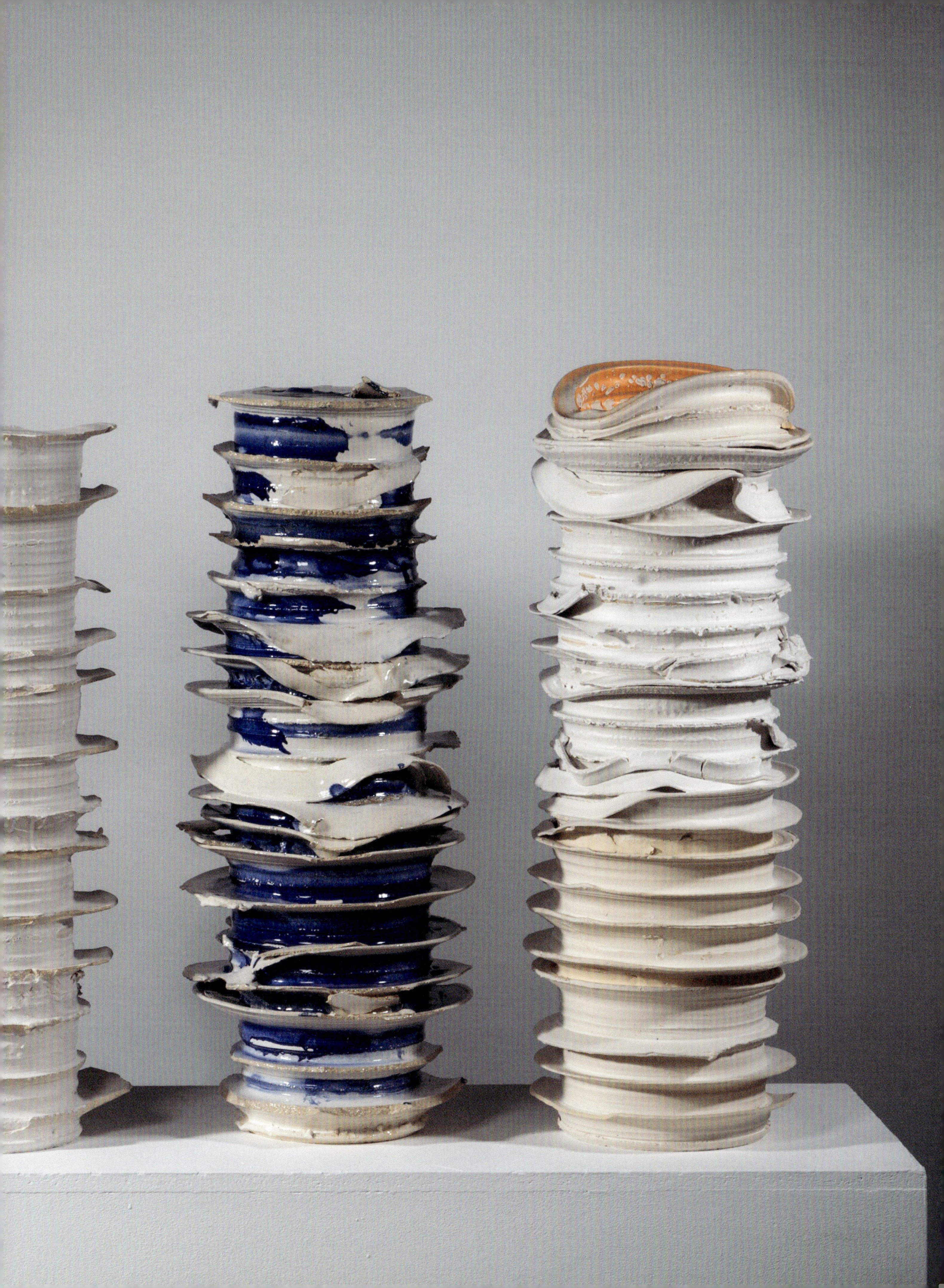

Bildlegende | List of Illustrations

44—45
2017
H 35 — 65 cm
TOM DACHS

46
Ausgrabung, 2014
H 60×40×50cm
RENÉ SCHAEFFER

48—49
Cluster/Fragment, 2015
H 54, 59, 58×45×36cm
HANS-WULF KUNZE

51
Cluster, 2016
H 59×48×46 cm
DEF IMAGE

52
White Cluster, 2017
H 50×58×62 cm
TOM DACHS

53
Dystopisches Cluster, 2017
H 33×34×42 cm
TOM DACHS

54—55
Straight and Sprawling Vessel, 2015
H 51, 45×45×60 cm
HANS-WULF KUNZE

57
Kleines Orbital, 2017
H 33×33×33 cm
TOM DACHS

58
Orbital III, 2016
H 40×45×58 cm
HANS-WULF KUNZE

59
2017
H 60×38×48 cm
TOM DACHS

61
Orbital, 2015
H 45×45×52 cm
HANS-WULF KUNZE

62
Growing Vessel, 2015
H 55×45×40 cm
HANS-WULF KUNZE

63
2015
H 58×45×45 cm
HANS-WULF KUNZE

64—65
Fragment, 2017
H 50×55×40 cm
TOM DACHS

66
Monument, 2017
H 61×50×40cm
TOM DACHS

68
Unfold vessel, 2015
H 53×45×40 cm
HANS-WULF KUNZE

69
Corona, 2017
H 69×58×50 cm
HANS-WULF KUNZE

70
Twisted Fragment, 2016
H 61×43×37 cm
HANS-WULF KUNZE

71
Two Blue, 2017
H 60×39×30 cm
HANS-WULF KUNZE

73
Orange Blue, 2017
H 61×50×40 cm
TOM DACHS

74—75
New Jazz, 2017
H 80—86 cm
TOM DACHS

Material
Porzellan | Porcelain

außer | except

20—21
Steinzeugton, Porzellan, Blei | stoneware clay, porcelain, lead

72—73
Steinzeugton | stoneware clay

Johannes Nagel
geboren in Jena | *born in Jena, Germany, 1979*

Ausbildung | *Education*

2001 Töpferausbildung bei Kinya Ishikawa in Val-David, PQ, Kanada | *Apprenticeship as a potter with Kinya Ishikawa in Val-David, PQ, Canada*

2002—2008 Studium im Fachbereich Plastik/Keramik bei Prof. Antje Scharfe, Karl Fulle und Martin Neubert an der HKD Burg Giebichenstein in Halle | *Student at the fine arts ceramics department of the University of Art and Design Burg Giebichenstein, Halle, Germany*

2007 Studienaufenthalt an der Ohio University in Athens, Ohio, USA | *Student exchange with Ohio University in Athens, Ohio, USA*

2008 Diplom der Bildenden Kunst/Keramik an der HKD Burg Giebichenstein in Halle | *Diploma of fine art/ceramics at the University of Art and Design Burg Giebichenstein, Halle*

Seit/since 2008 Werkstatt/Atelier in Halle | *Studio in Halle*

2012—2017 Künstlerischer Mitarbeiter an der Burg Giebichenstein Kunsthochschule Halle | *Assistant professor at University of Art and Design Burg Giebichenstein, Halle*

Stipendien und Arbeitsaufenhalte | *Grants and artist residencies*

2005—2006 Arbeitsaufenthalt im Shigaraki Ceramics Cultural Park, Shigaraki, Japan | *Artist-in-Residence at the Shigaraki Ceramics Cultural Park, Shigaraki, Japan*

2009 Graduiertenstipendium der HKD Burg Giebichenstein in Halle | *Postgraduate grant of the University of Art and Design Burg Giebichenstein, Halle*
Scottish Arts Council Residency in Cove Park, UK

2011 Arbeitsstipendium der Kunststiftung des Landes Sachsen-Anhalt | *Grant of the Art Foundation Saxony-Anhalt, Germany*

Arbeiten in öffentlichen Sammlungen | *Work in public collections*

Abbot Hall Art Gallery, Kirkland, Kendal, GB
Victoria and Albert Museum, London, GB
Musée Ariana, Genf, CH
Keramikmuseum Westerwald, Höhr-Grenzhausen, DE
Keramion, Frechen, DE

Preise | *Awards*

2016 „Fokus Gefäß" Preis der Nassauischen Sparkasse, Keramikmuseum Westerwald | *Naspa Ceramics Award „Focus: vessel", Keramikmuseum Westerwald, DE*

2009 Frechener Keramikpreis Keramion, Frechen | *Frechen Ceramic Art Award, Keramion Frechen, DE*

Ausstellungsbeteiligungen & Einzelausstellungen, Auswahl | *Selected group & solo exhibitions*

2017 *Träge Spuren*, Kunstforum Solothurn, CH
Salon, Hauser & Wirth Zürich, CH
Selected Works — Récent Acquisitions, Musée Ariana, Genf, CH

2016 *I hardly ever Thought of flowers*, Brutto Gusto, Berlin, DE
Modern Classics Fokus Gefäß/Focus Vessel, Keramikmuseum Westerwald, DE
Sphären, Sammlung Jörg Johnen, Berlin, DE

2015 *Johannes Nagel*, Keramion, Frechen, DE
vessels, perhaps, New Arts Centre, Roche Court, UK
I hardly ever Thought of flowers, Gallery Fumi, London, UK

2014 *Kaleidoscope*, Brutto Gusto, Berlin, DE
Fokus Junge Kunst, Kunstmuseum Kloster Unser Lieben Frauen, Magdeburg, DE
Kaleidoskop, Galerie Kunstforum Solothurn, CH

2013 *Raw/tech*, Valcucine/Spotti Milano, IT
German Contemporary Arts & Crafts, Cheongju International Craft Biennale 2013, KR
Space between, Galerie Idelmann, Gelsenkirchen, DE

2012 Kunstpreis *junger westen 2011*, Kunsthalle Recklinghausen, DE
In Form gegossen, Galerie Handwerk, München, DE
Craft & Scenography, Depot Basel, Basel, CH

2011 *Improvisorium*, Kunstforum Solothurn, CH
Studio Ware, Gallery Fumi, London, UK
Materials Revisited, 10. Triennale für Form und Inhalte 2011, Museum Angewandte Kunst, Frankfurt, DE

2010 *die IDEE, das DING, das BILD, die REDE*, Forum Gestaltung, Magdeburg, DE
Causing Chaos, Fife Contemporary Art & Craft, St Andrews Museum, UK
Das Voynich-Manuskript — eine Künstlersicht, Grauer Hof, Aschersleben, DE

2009 *The vessel — the object*, Kunstforum Solothurn, CH

Alle vergangenen und aktuellen Ausstellungen unter | *all past and current exhibitions at*
www.johannesnagel.eu

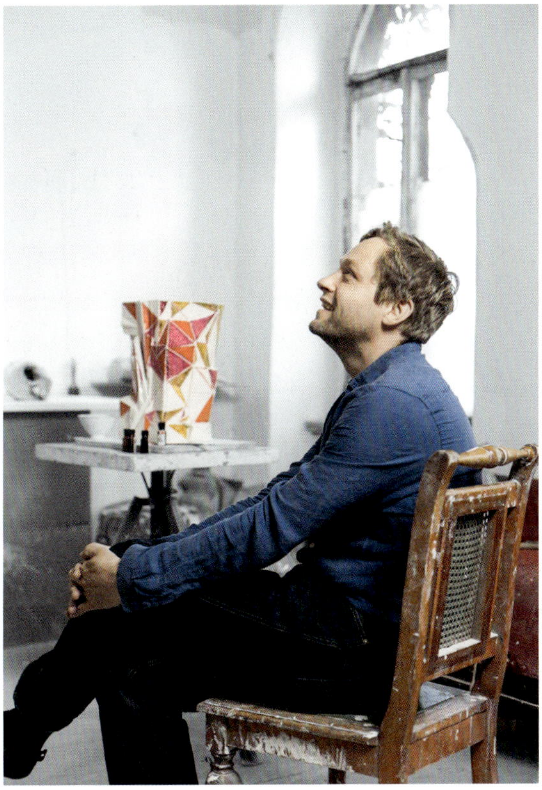